应用经济学研究与教学方法论丛书

计量经济学实验：基于R语言的实现

主　编　时　奇

副主编　雷瑶婷　谌贻庆　陶春峰

科学出版社

北　京

内 容 简 介

本书用 R 语言来实现计量经济学方法，主要包含经典线性回归、自回归、向量自回归、受限因变量模型(Logit、Probit、Tobit 等)、匹配方法、工具变量回归、分位数回归等.

本书适合作为本科生或低年级研究生学习计量经济学的辅助教材.

图书在版编目（CIP）数据

计量经济学实验：基于 R 语言的实现/时奇主编. —北京：科学出版社，2020. 6

(应用经济学研究与教学方法论丛书)

ISBN 978-7-03-063246-3

Ⅰ. ①计… Ⅱ. ①时… Ⅲ. ①程序语言-程序设计-应用-计量经济学-实验 Ⅳ. ①F224.0-33

中国版本图书馆 CIP 数据核字（2019）第 257925 号

责任编辑：郝 静／责任校对：贾娜娜

责任印制：赵 博／封面设计：蓝正设计

科 学 出 版 社 出版

北京东黄城根北街 16 号

邮政编码：100717

http://www.sciencep.com

北京科印技术咨询服务有限公司数码印刷分部印刷

科学出版社发行 各地新华书店经销

*

2020 年 6 月第 一 版 开本：787×1092 1/16

2025 年 7 月第六次印刷 印张：9

字数：190 000

定价：68.00 元

(如有印装质量问题，我社负责调换)

前　言

自 2015 年以来, 编者将 R 作为计量经济学的主要配套软件, 在本科生中广泛使用, 受到了大部分学生的欢迎. 本书中的内容主要来自编者讲课的材料.

本书第 1 章对 R 语言进行简单介绍, 第 2 章用 R 语言实现概率和统计的一些内容, 第 3 章用 R 语言实现经典线性模型, 第 4 章用 R 语言实现一些常用的时间序列模型, 第 5 章用 R 语言实现微观计量经济学的主要模型.

本书的重点是用 R 语言实现计量经济学方法, 大部分例子来自 Stock 和 Watson (2012)、Wooldridge (2015) 的文献, 适合作为本科生和研究生计量经济学课程的辅助教材.

与本书类似的教材是 Hanck 等 (2019)、Heiss (2016) 以及 Kleiber 和 Zeileis (2008) 的相关研究. 前两者分别是 Stock 和 Watson (2012) 与 Wooldridge (2015) 的文献的配套书, 内容互相对应. 本书的风格与经典教材 Kleiber 和 Zeileis (2008) 的文献更为相似, 但在计量经济学方法和 R 语言上都要略微新一些.

本书用 R 语言的 bookdown 包 (Xie, 2019) 写成, 以下是作者的 R 进程信息:

```
sessionInfo()
```

```
## R version 3.5.2 (2018-12-20)
## Platform: x86_64-w64-mingw32/x64 (64-bit)
## Running under: Windows 10 x64 (build 17763)
##
## Matrix products: default
##
## locale:
## [1] LC_COLLATE=Chinese (Simplified)_China.936
## [2] LC_CTYPE=Chinese (Simplified)_China.936
## [3] LC_MONETARY=Chinese (Simplified)_China.936
## [4] LC_NUMERIC=C
## [5] LC_TIME=Chinese (Simplified)_China.936
##
## attached base packages:
## [1] stats     graphics  grDevices utils     datasets
## [6] methods   base
##
## other attached packages:
##  [1] quantreg_5.38          SparseM_1.77
```

```
##  [3] plm_1.7-0             Formula_1.2-3
##  [5] rddtools_0.4.0        np_0.60-9
##  [7] AER_1.2-6             Matching_4.9-6
##  [9] sampleSelection_1.2-0 survival_2.43-3
## [11] censReg_0.5-26        maxLik_1.3-4
## [13] miscTools_0.6-22      mfx_1.2-2
## [15] betareg_3.1-2         wooldridge_1.3.1
## [17] αTSA_3.1.2           vars_1.5-3
## [19] urca_1.3-0            strucchange_1.5-1
## [21] MASS_7.3-51.1         dynlm_0.3-6
## [23] sandwich_2.5-0        ellipse_0.4.1
## [25] car_3.0-2             carData_3.0-2
## [27] lmtest_0.9-36         zoo_1.8-4
## [29] foreign_0.8-71
##
## loaded via a namespace (and not attached):
##  [1] nlme_3.1-137       tools_3.5.2
##  [3] R6_2.3.0           KernSmooth_2.23-15
##  [5] lazyeval_0.2.1     colorspace_1.4-0
##  [7] nnet_7.3-12        systemfit_1.1-22
##  [9] orcutt_2.3         tidyselect_0.2.5
## [11] curl_3.3           compiler_3.5.2
## [13] glmmML_1.1.0       bookdown_0.9
## [15] scales_1.0.0       mvtnorm_1.0-8
## [17] quadprog_1.5-5     stringr_1.3.1
## [19] digest_0.6.18      rmarkdown_1.11
## [21] rio_0.5.16         pkgconfig_2.0.2
## [23] htmltools_0.3.6    highr_0.7
## [25] rdd_0.57           rlang_0.3.1
## [27] readxl_1.2.0       rstudioapi_0.9.0
## [29] VGAM_1.0-6         bindr_0.1.1
## [31] dplyr_0.7.8        zip_1.0.0
## [33] magrittr_1.5       modeltools_0.2-22
## [35] Matrix_1.2-15      Rcpp_1.0.0
## [37] munsell_0.5.0      abind_1.4-5
## [39] stringi_1.2.4      yaml_2.2.0
## [41] flexmix_2.3-15     plyr_1.8.4
## [43] grid_3.5.2         bdsmatrix_1.3-3
```

```
## [45] forcats_0.3.0       crayon_1.3.4
## [47] lattice_0.20-38     haven_2.0.0
## [49] stargazer_5.2.2     splines_3.5.2
## [51] hms_0.4.2           knitr_1.21
## [53] pillar_1.3.1        boot_1.3-20
## [55] cubature_2.0.3      stats4_3.5.2
## [57] glue_1.3.0          evaluate_0.12
## [59] ata.table_1.12.0    MatrixModels_0.4-1
## [61] cellranger_1.1.0    purrr_0.2.5
## [63] gtable_0.2.0        assertthat_0.2.0
## [65] ggplot2_3.1.0       xfun_0.4
## [67] openxlsx_4.1.0      tibble_2.0.1
## [69] locpol_0.7-0        bindrcpp_0.2.2
```

由于 R 语言日新月异, 也由于编者能力有限, 本书中的有些实现方法可能并不是最优的, 甚至可能存在不妥之处, 欢迎读者发邮件到 qi.shi@foxmail.com 向编者指明.

在编写本书的过程中, 编者得到了南昌大学和东华理工大学的部分师生的鼓励和帮助, 包括刘耀彬、彭继增、温湖炜、况明、丁宝根、毛跃华、梁可茹、何美璇等, 特此致谢!

时 奇

2019 年 9 月于江西南昌

目 录

第1章 R 语言简介

R 语言是统计计算和作图的语言与操作环境. 它是属于 GNU (GNU is not UNIX) 系统的开源软件, 能在 Windows、UNIX 和 Mac OS 三大操作系统运行. 它由 John Chambers 及其同事在贝尔实验室根据 S 语言研发而成. 近十多年来, R 语言风靡整个学术界, 受到了很多研究者的喜爱. R 语言可以在官方网站 http://cran.r-project.org 免费下载.

RStudio 是 R 语言最好的集成开发环境 (integrated development environment, IDE) 之一, 它可以在网站 https://rstudio.com 免费下载.

1.1 运　算

R 语言可以做最简单的加法、减法、乘法和除法.

```
1+1
```

```
## [1] 2
```

```
3-2
```

```
## [1] 1
```

```
2*3
```

```
## [1] 6
```

```
2/3
```

```
## [1] 0.6667
```

当然, R 语言还可以做其他更高阶的运算. 例如, "^" 表示求幂, 而 "%%" 表示求余数.

```
2^3
```

```
## [1] 8
```

```
4^{1/2}
```

```
## [1] 2
```

```
7%%2
```

```
## [1] 1
```

R 语言中有一些内置的常数, 如 π.

```
pi
```

```
## [1] 3.142
```

R 语言中内置了一些常用函数. 我们首先看三角函数.

```
sin(pi)
```

```
## [1] 1.225e-16
```

```
cos(2*pi)
```

```
## [1] 1
```

其中, $\sin(\pi)$ 应该得到 0, 但由于计算原因, R 给出了一个很小的数.

R 语言还内置了指数函数和对数函数.

```
log(0.5)
```

```
## [1] -0.6931
```

```
exp(1)
```

```
## [1] 2.718
```

显然, 该对数函数默认为自然对数, 即底为 $e \approx 2.718282$. 如果要指定底, 则可以使用类似于如下的语句.

```
log(0.5,base=10)
```

```
## [1] -0.301
```

R 语言还内置了平方根函数.

```
sqrt(16)
```

```
## [1] 4
```

1.2 变　　量

与其他语言类似, R 语言主要使用变量进行运算. 在 R 语言中, 我们用箭头符号来给变量赋值.

```
a<-10
b<-5
```

变量经赋值之后, R 语言就默认它是之前赋给它的那个数了, 赋值语句不会显示任何结果. 如果要显示该变量代表的值, 将它写出并运行.

```
a
```

```
## [1] 10
```

```
b
```

```
## [1] 5
```

如果我们需要在赋值之后立即显示它的值, 则将整个命令加以一对圆括号.

```
(a<-10)
```

```
## [1] 10
```

我们可以使用变量进行运算.

```
a+b
```

```
## [1] 15
```

```
a*b
```

```
## [1] 50
```

当然, 我们还可以将变量的运算赋给一个新的变量.

```
(c<-(a+b)^2)
```

```
## [1] 225
```

1.2.1 变量命名的规则

我们可以给变量取一些更能表意的名字.

```
height<-175
weight<-65
```

如果我们要取一些含义更为丰富的变量名, 可以使用英文短语. 为了将单词分离开, 一般有三种方式:

```
number.of.observations<-10000
number_of_observations<-10000
NumberOfObservations<-10000
```

其中, 第一种将变量名的各个单词用点分离开, 第二种将变量名的各个单词用下划线分离开, 第三种分离方式称为驼峰式, 即每一个单词的第一个字母大写.

变量的名字中也允许出现数字.

```
x1<-100
x2<-0
x3<-3.5
x4<-98
x5<--3
```

但是, 变量的名字必须以字母开头, 因此 3x 和.x 是非法的. 变量的命名也需要注意规避那些内置的变量, 例如, 不要将一个变量命名为 pi.

因为 R 语言是区分大小写的, 所以 X 和 x 是不同的变量.

1.2.2 向量

R 语言经常使用向量进行运算, 一个向量可以采用如下方式赋值.

```
(x<-c(100,0,3.5,98,-3))
```

```
## [1] 100.0   0.0   3.5  98.0  -3.0
```

连续的整数可以用类似下面的命令得到.

```
-3:3
```

```
## [1] -3 -2 -1  0  1  2  3
```

```
1:10
```

```
##  [1]  1  2  3  4  5  6  7  8  9 10
```

下面的命令表示的是从 0 到 1 每隔 0.1 有一个数的向量.

```
seq(from=0,to=1,by=0.1)
```

```
##  [1] 0.0 0.1 0.2 0.3 0.4 0.5 0.6 0.7 0.8 0.9 1.0
```

这个向量也可以用下面的命令得到:

```
seq(from=0,to=1,length=11)
```

```
##  [1] 0.0 0.1 0.2 0.3 0.4 0.5 0.6 0.7 0.8 0.9 1.0
```

其中, 参数 length 表示的是向量的长度.

如果某个向量是同一个数字的重复, 则可以用下面的语句来得到.

```
rep(1,each=20)
```

```
##  [1] 1 1 1 1 1 1 1 1 1 1 1 1 1 1 1 1 1 1 1 1
```

为了简单, 经常将这些函数的参数的英文名字及等号略去.

```
1:10
```

```
##  [1]  1  2  3  4  5  6  7  8  9 10
```

```
seq(0,1,0.1)
```

```
##  [1] 0.0 0.1 0.2 0.3 0.4 0.5 0.6 0.7 0.8 0.9 1.0
```

```
rep(1,20)
```

```
##  [1] 1 1 1 1 1 1 1 1 1 1 1 1 1 1 1 1 1 1 1 1
```

注意, seq() 函数默认的第三个参数是 by.

这些向量赋值方式还可以组合使用. 注意前面两条语句的区别.

```
rep(1:5,each=2)
```

```
##  [1] 1 1 2 2 3 3 4 4 5 5
```

```
rep(1:5,times=2)
```

```
## [1] 1 2 3 4 5 1 2 3 4 5
```

```
rep(1:5,c(1:5))
```

```
## [1] 1 2 2 3 3 3 4 4 4 4 5 5 5 5 5
```

我们可以将两个向量组合成一个新的向量.

```
c(x,1:5)
```

```
## [1] 100.0   0.0   3.5  98.0  -3.0   1.0   2.0   3.0
## [9]   4.0   5.0
```

1. **向量的运算**

有一些函数, 如 log()、exp()、sqrt() 等, 可以进入向量内部, 对各个元素逐个运算.

```
y<-1:5
log(y)
```

```
## [1] 0.0000 0.6931 1.0986 1.3863 1.6094
```

```
exp(y)
```

```
## [1]   2.718   7.389  20.086  54.598 148.413
```

```
round(sqrt(y),1)
```

```
## [1] 1.0 1.4 1.7 2.0 2.2
```

其中, round() 函数的功能是对第一个参数四舍五入, 保留小数点后一位.

两个向量之间的加、减、乘法, 是对应元素相加、相减、相乘.

```
x+y
```

```
## [1] 101.0 2.0 6.5 102.0 2.0
```

```
x-y
```

```
## [1] 99.0 -2.0  0.5 94.0 -8.0
```

```
x*y
```

```
## [1] 100.0 0.0 10.5 392.0 -15.0
```

两个向量之间的内积, 即对应元素相乘之和, 可以使用如下语句得到.

```
x%*%y
```

```
##       [,1]
## [1,] 487.5
```

如果两个向量的长度不相等, 则多余的部分循环.

```
z<-1:18
z+y
```

```
##  [1]  2  4  6  8 10  7  9 11 13 15 12 14 16 18 20 17 19
## [18] 21
```

```
z*y
```

```
##  [1]  1  4  9 16 25  6 14 24 36 50 11 24 39 56 75 16 34
## [18] 54
```

2. 向量信息的提取

向量的长度可以用 length() 函数得到.

```
length(x)
```

```
## [1] 5
```

为了提取向量中的元素, 可以使用类似于下面的语句.

```
x[1]
```

```
## [1] 100
```

```
x[-2]
```

```
## [1] 100.0   3.5  98.0  -3.0
```

```
x[1:3]
```

```
## [1] 100.0   0.0   3.5
```

```
x[c(1,3,5)]
```

```
## [1] 100.0   3.5  -3.0
```

```
x[-c(1,3,5)]
```

```
## [1]  0 98
```

我们还可以修改向量中的某些元素.

```
x[1]<-1
x[2:5]<-2:5
x
```

```
## [1] 1 2 3 4 5
```

我们可以对向量进行求和、平均值、最大值、最小值、中位数的运算.

```
sum(x)
```

```
## [1] 15
```

```
mean(x)
```

```
## [1] 3
```

```
max(x)
```

```
## [1] 5
```

```
min(x)
```

```
## [1] 1
```

```
median(x)
```

```
## [1] 3
```

1.2.3 矩阵

在计量经济学运算中, 我们还会经常遇到矩阵. 在 R 语言中, 矩阵用函数 matrix() 来赋值.

```
(A<-matrix(1:20,nrow=5,ncol=4))
```

```
##      [,1] [,2] [,3] [,4]
## [1,]    1    6   11   16
## [2,]    2    7   12   17
## [3,]    3    8   13   18
## [4,]    4    9   14   19
## [5,]    5   10   15   20
```

可以看出, 这种矩阵赋值方式先将整个矩阵按照列堆叠成一个向量, 然后指定行数和列数. 当然, 关于行数和列数的两个参数其中有一个是多余的.

如果我们按照行堆叠, 则可以使用参数 byrow=TRUE 来指定.

```
(B<-matrix(1:20,nrow=5,byrow=TRUE))
```

```
##      [,1] [,2] [,3] [,4]
## [1,]    1    2    3    4
## [2,]    5    6    7    8
## [3,]    9   10   11   12
## [4,]   13   14   15   16
## [5,]   17   18   19   20
```

如果有已知的多行或多列, 或已知的多个矩阵, 我们可以对它们进行组合, 以得到一个新的矩阵.

```
a<-1:5
b<-rep(2,5)
cbind(a,b)
```

```
##       a b
## [1,] 1 2
## [2,] 2 2
## [3,] 3 2
## [4,] 4 2
## [5,] 5 2
```

```
rbind(a,b)
```

```
##   [,1] [,2] [,3] [,4] [,5]
## a    1    2    3    4    5
## b    2    2    2    2    2
```

```
cbind(A,a)
```

```
##                    a
## [1,] 1  6 11 16 1
## [2,] 2  7 12 17 2
## [3,] 3  8 13 18 3
## [4,] 4  9 14 19 4
## [5,] 5 10 15 20 5
```

其中, cbind() 函数是按照列堆叠的, 而 rbind() 函数是按照行堆叠的.

1. 矩阵信息的提取

对于矩阵 $\boldsymbol{A}$, 设 i 表示行数, j 表示列数, 则我们可以使用 $A[i,j]$ 提取矩阵的元素, 用 $A[i,]$ 来提取第 i 行, 用 $A[,j]$ 来提取第 j 列.

```
A[4,3]
```

```
## [1] 14
```

```
A[4,]
```

```
## [1]  4  9 14 19
```

```
A[,3]
```

```
## [1] 11 12 13 14 15
```

矩阵 $\boldsymbol{A}$ 的维度可以使用 dim ($\boldsymbol{A}$) 来提取, 得到一个二维向量, 分别表示矩阵的行数和列数. 如果要单独提取行数和列数, 也可以分别用 nrow ($\boldsymbol{A}$) 和 ncol ($\boldsymbol{A}$) 得到.

```
dim(A)
```

```
## [1] 5 4
```

```
nrow(A)
```

```
## [1] 5
```

```
ncol(A)
```

```
## [1] 4
```

如果矩阵 $\boldsymbol{A}$ 为 $n\times n$ 方阵, 则可以使用 diag ($\boldsymbol{A}$) 提取对角线元素, 得到的是一个 n 维向量.

```
(C<-A[-5,])
```

```
##      [,1] [,2] [,3] [,4]
## [1,]    1    6   11   16
## [2,]    2    7   12   17
## [3,]    3    8   13   18
## [4,]    4    9   14   19
```

```
diag(A)
```

```
## [1]  1  7 13 19
```

diag() 函数还有一些其他的功能. 如果括号内的参数是一个正整数 n, 则得到的是一个 $n\times n$ 的单位方阵.

```
diag(3)
```

```
##      [,1] [,2] [,3]
## [1,]    1    0    0
## [2,]    0    1    0
## [3,]    0    0    1
```

如果括号内的参数是一个 n 维向量, 则得到的是一个 $n\times n$ 的对角方阵, 且其对角线元素为输入的向量.

```
(D<-diag(1:4))
```

```
##      [,1] [,2] [,3] [,4]
## [1,]    1    0    0    0
## [2,]    0    2    0    0
## [3,]    0    0    3    0
## [4,]    0    0    0    4
```

2. 矩阵的运算

我们用函数 transpose() 对矩阵进行转置, 这个函数可简写为 t().

```
t(A)
```

```
##      [,1] [,2] [,3] [,4] [,5]
## [1,]    1    2    3    4    5
```

```
## [2,]    6    7    8    9   10
## [3,]   11   12   13   14   15
## [4,]   16   17   18   19   20
```

我们用函数 solve() 对方阵求逆.

```
solve(D)
```

```
##      [,1] [,2]   [,3] [,4]
## [1,]    1  0.0 0.0000 0.00
## [2,]    0  0.5 0.0000 0.00
## [3,]    0  0.0 0.3333 0.00
## [4,]    0  0.0 0.0000 0.25
```

一个方阵能够求逆的前提条件是其行列式不为零, 而一个方阵的行列式可以用函数 det() 来求得.

```
det(D)
```

```
## [1] 24
```

对于行、列数相同的两个矩阵, 我们可以让它们相加或相减.

```
C+D
```

```
##      [,1] [,2] [,3] [,4]
## [1,]    2    6   11   16
## [2,]    2    9   12   17
## [3,]    3    8   16   18
## [4,]    4    9   14   23
```

```
C-D
```

```
##      [,1] [,2] [,3] [,4]
## [1,]    0    6   11   16
## [2,]    2    5   12   17
## [3,]    3    8   10   18
## [4,]    4    9   14   15
```

某个标量乘以一个矩阵, 使用常见的 "$*$" 符号.

```
(-1)*D
```

```
##      [,1] [,2] [,3] [,4]
## [1,]   -1    0    0    0
## [2,]    0   -2    0    0
## [3,]    0    0   -3    0
## [4,]    0    0    0   -4
```

如果是矩阵的乘法, 则使用组合符号 "$\% * \%$".

```
C %*% D
```

```
##      [,1] [,2] [,3] [,4]
## [1,]    1   12   33   64
## [2,]    2   14   36   68
## [3,]    3   16   39   72
## [4,]    4   18   42   76
```

1.3 其他数据类型

前面介绍的数据类型都是数字 (numeric).

```
mode(x)
```

```
## [1] "numeric"
```

R 语言还提供了一些其他类型的数据.

1.3.1 字符

现实中的数据不但有数字, 还有英文字符 (character), 如人名、国名等.

```
t<-"Trump"
mode(t)
```

```
## [1] "character"
```

为了与其他类型的数据相区别, 字符的两边需要用引号引起来.

```
mode("14")
```

```
## [1] "character"
```

```
mode(14)
```

```
## [1] "numeric"
```

我们可以使用 paste() 函数将两个字符连接起来.

```
paste("Donald","Trump")
```

```
## [1] "Donald Trump"
```

```
paste("Nan","chang",sep="")
```

```
## [1] "Nanchang"
```

其中, 参数 sep= 给出将两个字符分离开的方式. 默认 sep=" " 中间有一个空格, 也可以选择 sep="", 中间没有任何符号, 还可以选择 sep="_" 或者 sep="-" 等.

字符也可以建立向量.

```
c("Bush","Clinton","Bush","Obama","Trump")
```

```
## [1] "Bush"    "Clinton" "Bush"    "Obama"   "Trump"
```

字符向量可以作为数字向量的名字.

```
President<-c(41,42,43,44,45)
names(President)<-c("Bush","Clinton","Bush","Obama","Trump")
President
```

```
##    Bush Clinton    Bush   Obama   Trump 
##      41      42      43      44      45
```

1.3.2 逻辑

有的时候需要用到布尔符号 (Booleans), 即真 (TRUE) 和伪 (FALSE). 布尔符号的类型是逻辑 (logical).

```
boo<-TRUE
mode(boo)
```

```
## [1] "logical"
```

通常将 TRUE 和 FALSE 简写为 T 和 F. 需要注意的是布尔符号的两边不需要加引号.

布尔符号也可以组成向量.

```
(boos<-c(T,T,F,F,T))
```

```
## [1]  TRUE  TRUE FALSE FALSE  TRUE
```

我们可以使用布尔符号向量提取向量中的元素. 如果对应元素是真, 则提取, 否则不提取.

```
(z <- seq(1, 10, length=5))
```

```
## [1]  1.00  3.25  5.50  7.75 10.00
```

```
z[c(T, F, F, F, T)]
```

```
## [1]  1 10
```

关于布尔符号更多的功能, 请参看 1.5.1 节.

1.3.3 列表

一个向量不能包含不同模式的变量. 如果非要将一个字符串和一个数字放到一个向量中, 则该数字自动转变为字符串.

```
(student1<-c("Liu",88))
```

```
## [1] "Liu" "88"
```

```
mode(student1)
```

```
## [1] "character"
```

为了存储不同模式的变量, 我们可以使用列表 (list). 此时模式就变成了 list.

```
(student1<-list("Liu",88))
```

```
## [[1]]
## [1] "Liu"
##
## [[2]]
## [1] 88
```

```
mode(student1)
```

```
## [1] "list"
```

我们可以直接给列表的元素命名, 这样该元素的含义就更为清楚了.

```
(student1<-list(name="Liu",score=88))
```

```
## $name
## [1] "Liu"
##
## $score
## [1] 88
```

有以下三种提取列表元素的方法.

(1) 列表名 [[元素序号]].

```
student1[[1]]
```

```
## [1] "Liu"
```

(2) 列表名 [["元素名"]].

```
student1[["score"]]
```

```
## [1] 88
```

(3) 列表名 $ 元素名.

```
student1$score
```

```
## [1] 88
```

列表中的元素可以是向量, 也可以是列表.

```
(student1<-list(name="Liu",
                score=list(chinese=75,math=88,english=90)))
```

```
## $name
## [1] "Liu"
##
## $score
## $score$chinese
## [1] 75
```

```
##
## $score$math
## [1] 88
##
## $score$english
## [1] 90
```

我们可以使用嵌套的方法提取其中的元素.

```
student1[[2]]$math
```

```
## [1] 88
```

1.4 数 据 框

计量经济学的处理对象是数据集 (dataset), 而 R 语言中数据集对应的模式称为数据框 (dataframe). 数据框是列表的一种, 数据框的元素一般是同等长度的数字向量或字符串向量, 一般不再嵌套数据框.

```
(mydata<-data.frame(x1=c(1,2,3,4),x2=c(2,6,8,10)))
```

```
##   c.1..2..3..4. c.2..6..8..10.
## 1             1              2
## 2             2              6
## 3             3              8
## 4             4             10
```

数据框可以从矩阵转化而来.

```
mydata<-as.data.frame(matrix(c(1,2,3,4,2,6,8,10),ncol=2))
names(mydata)<-c("x1","x2")
mydata
```

```
##   x1 x2
## 1  1  2
## 2  2  6
## 3  3  8
## 4  4 10
```

数据框也可以从外部导入, 这时候需要用到 foreign 宏包.

```
library(foreign)
#文本格式数据
mydata<-read.table(file="foreigndata.txt",header=TRUE)
#csv格式数据
mydata<-read.csv(file="foreigndata.csv")
```

```
#stata格式数据
mydata<-read.dta(file="foreigndata.dta")
```

数据框的每个元素称为变量 (variable), 提取变量有两种方式.

(1) 列表式.

```
mydata$x2
## [1] 2 6 8 10
```

(2) 矩阵式.

```
mydata[,2]
## [1] 2 6 8 10
```

在矩阵式中, 也可以将列序号替换成列名.

```
mydata[,"x2"]
## [1] 2 6 8 10
```

在对变量进行运算时, 必须以上述方式指代变量. 例如, 我们求变量 x_1 的均值, 必须用语句 mean(mydata\$ x_1), 而不是 mean(x_1). 如果运算过程很长, 可以使用 attach 和 detach 这对命令.

```
mydata<-data.frame(v1=c(1,2,3,4),v2=c(2,6,8,10))
attach(mydata)
v1+v2

## [1]  3  8 11 14

v1*v2

## [1]  2 12 24 40

v1%*%v2

##      [,1]
## [1,]   78

mean(v1)

## [1] 2.5

median(v2)

## [1] 7

detach(mydata)
```

我们可以用简单的方式定义新的变量.

```
mydata$sumv<-mydata$v1+mydata$v2
mydata
```

```
##   v1 v2 sumv
## 1  1  2    3
## 2  2  6    8
## 3  3  8   11
## 4  4 10   14
```

transform() 函数可以一次性定义多个新的变量.

```
mydata<-transform(mydata,sumv=v1+v2),meanv=(v1+v2)/2)
mydata
```

```
##   v1 v2 sumv meanv
## 1  1  2    3   1.5
## 2  2  6    8   4.0
## 3  3  8   11   5.5
## 4  4 10   14   7.0
```

我们可以将 mydata 的第四个变量更名.

```
names(mydata)
```

```
## [1] "v1"    "v2"    "sumv"  "meanv"
```

```
names(mydata)[4]<-"averagev"
mydata
```

```
##   v1 v2 sumv averagev
## 1  1  2    3      1.5
## 2  2  6    8      4.0
## 3  3  8   11      5.5
## 4  4 10   14      7.0
```

有的时候, 我们需要根据要求筛选数据框. 例如, 我们只需要平均值 averagev 小于或等于 5 的那些数据框.

```
(newdata<-subset(mydata,averagev<=5))
```

```
##   v1 v2 sumv averagev
## 1  1  2    3      1.5
## 2  2  6    8      4.0
```

如果只需要 v_1 和 v_2 两个变量, 则需要加入参数 select $= c(v_1, v_2)$.

```
(newdata<-subset(mydata,averagev<=5,select=c(v1,v2)))
```

```
##   v1 v2
## 1  1  2
## 2  2  6
```

在处理完数据之后, 可以将数据写入硬盘, 以备下次继续使用或者转发给其他研究者.

```
write.table(newdata,file="newdata.txt",col.names=TRUE)
write.csv(newdata,file="newdata.csv",col.names=TRUE)
write.dta(newdata,file="newdata.dta")
```

上述的文件地址默认在工作目录, 可以使用如下语句查看工作目录.

```
getwd()
```

也可以使用如下语句修改工作目录.

```
setwd("C:/Users/Administrator/Documents")
```

1.5 编 程

在使用 R 语言的时候, 我们经常会将许多语句有先后地放在一起, 以达成一个目标. 这个文件称为脚本 (script). 在写脚本的时候, 我们可能会用到一些特殊的技巧.

1.5.1 条件提取

R 语言中的条件用布尔符号 TRUE 和 FALSE 来实现. 输入一个命题, R 语言返回的是真 (TRUE) 或伪 (FALSE).

```
2>3
```

```
## [1] FALSE
```

```
2==3
```

```
## [1] FALSE
```

```
2!=3
```

```
## [1] TRUE
```

```
!(2==3)
```

```
## [1] TRUE
```

```
(y<-3>=2)
```

```
## [1] TRUE
```

注意, R 语言中的两个等号 “==” 表示数学中的等号, 而一个等号 “=” 在大多数时候相当于赋值符号 “<-”.

```
a<-3
a==2
```

```
## [1] FALSE
```

```
a=2
a==2
```

```
## [1] TRUE
```

命题与命题之间可以做加法、减法和乘法. 此时, TRUE 视为 1, FALSE 视为 0.

```
FALSE+TRUE+TRUE
```

```
## [1] 2
```

```
FALSE * TRUE
```

```
## [1] 0
```

```
(1<2)*(3<2)
```

```
## [1] 0
```

命题与命题之间可以做布尔运算. “&” 为与运算, “|” 为或运算.

```
1<2&3<2
```

```
## [1] FALSE
```

```
1<2|3<2
```

```
## [1] TRUE
```

命题的真伪还可以以向量的形式进行, 返回的是一个逻辑向量.

```
c(1,0,4)>c(0,10,3)
```

```
## [1]  TRUE FALSE  TRUE
```

```
sum(c(1,0,4)>3)
```

```
## [1] 1
```

逻辑向量可以用来提取向量.

```
(z<-seq(1,10,length=5))
```

```
## [1]  1.00  3.25  5.50  7.75 10.00
```

```
z[z>3]
```

```
## [1]  3.25  5.50  7.75 10.00
```

我们来看一个更加实用的例子.

```
wages<-data.frame(sex=c("F", "F", "M", "F", "M", "F"),
                  salary=c(22, 23, 18, 29, 17, 20))
mean(wages$salary[wages$sex=="F"])
```

```
## [1] 23.5
```

第一句给出了一个简单的数据集. 该数据集包含了两个变量: 性别 (sex) 和工资 (salary). 第二句返回了女性的平均工资.

1.5.2 流程控制

我们首先看一个非常直接的 if 语句. if 后面的圆括号中是一个命题, 如果该命题为真, 则运行后面的语句, 否则不运行.

```
a<-0
if(1>-1)
 (a<-a+1)
```

```
## [1] 1
```

有时候 ifelse() 函数可以替代 if 语句. ifelse() 函数的第一个参数是一个命题, 第二个和第三个参数是数字或字符. 如果命题为真, 则返回第二个参数, 否则返回第三个参数.

```
ifelse(1>-1,"Work","Leisure")
```

```
## [1] "Work"
```

现在我们看循环 (loop). 下面一个简单的循环实现了从 1 加到 100.

```
x<-0
for(i in 1:100) {
x<-x+i
}
```

当然, 下面的不用循环的语句更加直接.

```
sum(1:10)
```

```
## [1] 55
```

我们用循环来模拟抛 1000 次硬币得到正面的次数.

```
num.heads<-0
for(i in 1:1000) {
b<-runif(1)
if(b<0.5)
num.heads<-num.heads+1
}
print(num.heads)
```

```
## [1] 523
```

这也可以用更简单的方式来实现.

```
sum(runif(1000)<0.5)
```

```
## [1] 468
```

在 R 语言中, 能不用循环则尽量不用循环, 因为循环更加低效.

下面我们用 while 循环模拟圣彼得堡悖论. 关于圣彼得堡悖论, 可参看 Binmore (2007) 的文献中的介绍.

```
flip.num<-0
coin.face<-0
while(coin.face==0) {
flip.num<-flip.num+1
b<-runif(1)
if(b<0.5)
coin.face<-1
}
print(flip.num)
```

```
## [1] 1
```

1.6 绘 图

R 是优秀的绘图软件, ggplot2 是功能极为强大的数据可视化工具. 本章只介绍散点图, 我们从一个简单的例子入手.

```
x<-seq(0,pi,length=20)
y<-sin(x)
plot(x,y)
```

图 1.1 展示了正弦函数在 $[0,\pi]$ 区间的 20 个点.

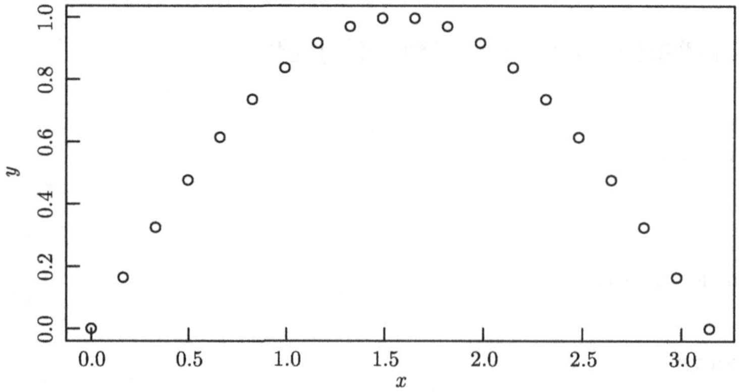

图 1.1 一个简单的散点图

我们可以加入颜色, 如蓝色.

```
plot(x,y,col="blue")
```

常用的颜色可以通过以下命令查看.

```
palette()
## [1] "black"   "red"     "green3"  "blue"    "cyan"
## [6] "magenta" "yellow"  "gray"
```

我们可以改变绘图标记 (plotting character), 例如, 将默认的空心点改成实心点, 如图 1.2 所示.

```
plot(x,y,pch=16)
```

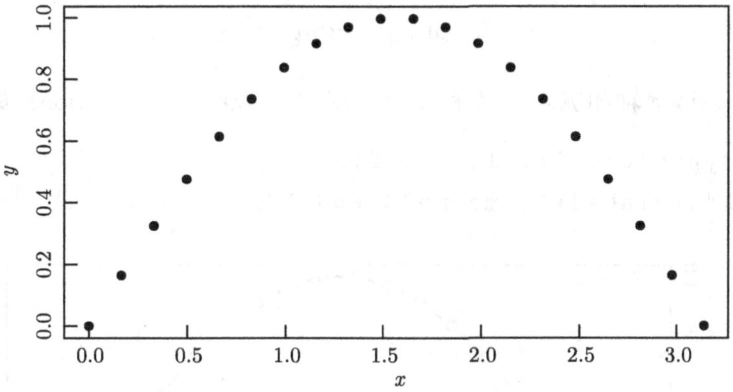

图 1.2　实心散点图

图 1.3 显示了 20 种常用的绘图标记.

```
plot(1:20,pch=1:20,cex=2)
```

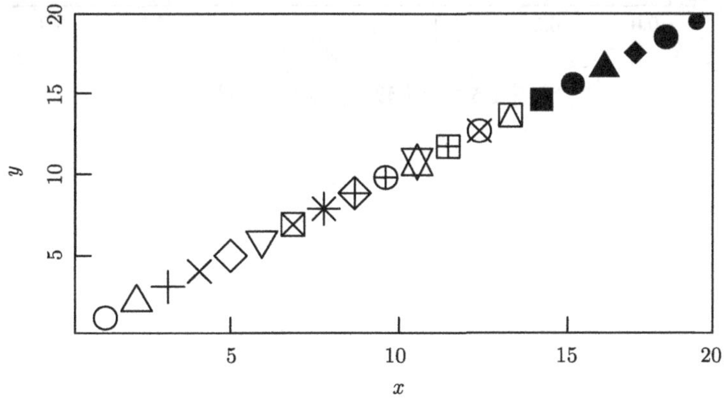

图 1.3　20 种绘图标记

当散点的数量较少, 尤其是研究者想表现数据的走势时, 可以将各个分离的点改成连线, 如图 1.4 所示.

```
plot(x,y,type="l")
```

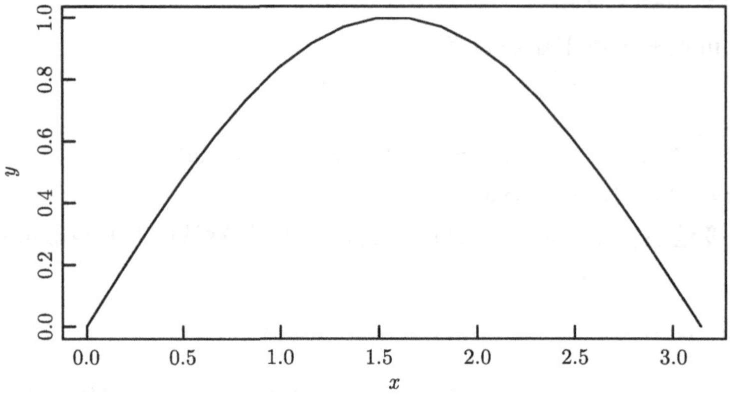

图 1.4　连线图

我们还可以修改横轴和纵轴的名字, 以及加入图的说明文字 (caption), 如图 1.5 所示.

```
plot(x, y, type="b", lty=1, lwd=2,
   xlab="X", ylab="Y", main="X and Y")
```

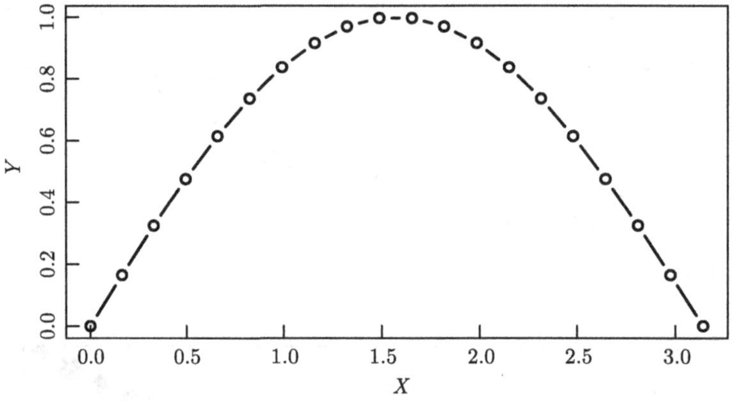

图 1.5　一个较为完整的散点图

第 2 章　概率与统计

概率论与统计推断是计量经济学的技术基础, 本章介绍用 R 语言来实现它们的部分计算. 理论和例子大部分来自 Stock 和 Watson (2012) 的文献中的第 2 章和第 3 章.

一个随机变量 X 的累积分布函数 (cumulative distribution function, CDF) 定义为该随机变量小于实数 x 的概率:

$$F(Y) := \Pr(X \leqslant x)$$

累积分布函数经常简称为分布函数. 随机变量 X 的概率密度函数 (probability density function, PDF) 定义为其累积分布函数的导函数:

$$f(x) := F'(x)$$

2.1　三 类 函 数

在计量经济学中, 常见的分布函数如表 2.1 所示.

表 2.1　常见的分布函数

分布	R 中的名字	参数
卡方分布	chisq	df
F 分布	f	df1、df2
正态分布	norm	mean、sd
泊松分布	pois	lambda
学生氏 t 分布	t	df
均匀分布	unif	min、max

下面介绍 R 语言中与这些分布函数相关的三类函数.

2.1.1　p 函数类

这类函数的第一个字母为 p, 后面是该分布的 R 名称. 第一个参数为该分布支撑 (support) 中的某个数 x, 该函数给出服从该分布的随机变量小于 x 的概率, 即累积分布函数值.

```
pchisq(2,df=3)

## [1] 0.4276

pf(2,df1=3,df2=100)

## [1] 0.8812

pnorm(-2,mean=0,sd=3)
```

```
## [1] 0.2525
ppois(2,lambda=2)
## [1] 0.6767
pt(-2,df=100)
## [1] 0.02411
punif(-1,min=-2,max=2)
## [1] 0.25
```

有时候, 我们需要给出的是该随机变量大于某点的概率. 这需要用到参数: lower.tail=FALSE.

```
punif(-1,min=-2,max=2,lower.tail=FALSE)
## [1] 0.75
```

对于 pnorm() 函数, 如果不指定期望和标准差这两个参数, 则默认为标准正态分布. 对于 punif() 函数, 如果不指定最小值和最大值这两个参数, 则默认为标准均匀分布.

```
pnorm(-2)
## [1] 0.02275
punif(0.3)
## [1] 0.3
```

2.1.2　q 函数类

这类函数名称的第一个字母为 q, 后面是该分布的 R 名称. 第一个参数为某概率值 p, 该函数给出累积分布函数值为 p 的分位点, 即 $F^{-1}(p)$.

```
qchisq(0.5,df=3)
## [1] 2.366
qf(0.5,df1=3,df2=100)
## [1] 0.7941
qnorm(0.5,mean=0,sd=3)
## [1] 0
qpois(0.5,lambda=2)
## [1] 2
qt(0.5,df=100)
## [1] 0
```

```
qunif(0.5,min=-2,max=2)
```

```
## [1] 0
```

同理, 对于 pnorm() 函数, 如果不指定期望和标准差这两个参数, 则默认为标准正态分布. 对于 punif() 函数, 如果不指定最小值和最大值这两个参数, 则默认为标准均匀分布.

2.1.3 r 函数类

这类函数名称的第一个字母为 r, 后面是该分布的 R 名称. 该函数将随机产生服从该分布的随机数, 第一个参数为正整数, 表示给出的随机数的个数.

```
rchisq(1,df=3)
```

```
## [1] 1.849
```

```
rf(10,df1=3,df2=100)
```

```
##  [1] 0.69776 2.06749 1.42193 0.23735 0.73377 0.17264
##  [7] 0.06906 0.98047 1.03172 1.39398
```

```
rnorm(10,mean=0,sd=3)
```

```
##  [1]  1.8235 -0.3775 -1.0681  1.1624  1.2550 -3.5682
##  [7] -0.4906  3.1401 -1.9539 -4.8973
```

```
rpois(20,lambda=2)
```

```
##  [1] 1 0 0 3 2 2 4 1 1 3 5 1 1 1 4 2 3 0 3 1
```

```
rt(20,df=100)
```

```
##  [1] -1.05335  0.73389 -0.43703 -0.17381 -0.83452
##  [6] -1.22333 -0.68955  0.91554 -1.65102  0.52754
## [11]  0.38506  0.57723 -1.09639 -0.65629 -0.09338
## [16]  1.04852 -0.69453 -0.26899  0.24783  2.36319
```

```
runif(30,min=-2,max=2)
```

```
##  [1]  1.7632 -0.7215 -1.6334  1.9982 -1.6744 -1.8624
##  [7] -0.3389 -0.1923  1.7062  0.7009 -0.3361 -0.7544
## [13] -1.1094 -1.4831  0.6445 -0.8258 -0.9402 -0.6271
## [19]  1.6452 -1.8401  0.8068  1.7926 -0.4527  0.4497
## [25] -0.6948  0.8160 -1.4290 -1.3368  0.4260  0.6736
```

一般来说, 两次运行同一个命令, 产生的随机数是不相同的.

```
rnorm(10,mean=0,sd=3)
```

```
## [1]  1.4136  2.3031  0.9005  1.5715 -3.3656 -3.4117
## [7]  2.6207 -3.8263 -2.8704  1.0520
```

为了固定该随机数, 可以在运行命令前指定随机数种子.

```
set.seed(888)
rnorm(10,mean=0,sd=3)
```

```
## [1] -5.8540 -4.6331  2.1895 -0.8327 -4.9689 -0.7531
## [7] -6.4994  1.7606  1.8919  3.3108
```

```
set.seed(888)
rnorm(10,mean=0,sd=3)
```

```
## [1] -5.8540 -4.6331  2.1895 -0.8327 -4.9689 -0.7531
## [7] -6.4994  1.7606  1.8919  3.3108
```

需要注意的是, 我们得到的随机数是伪随机数. 每一个伪随机数都有一个指定编号, 例如, 上面的例子中指定的编号是 888. 我们可以这样设想, 我们面前有一个巨大的柜子, 这个柜子有非常多的抽屉, 每个伪随机数都储存在一个抽屉里. 当我们选择了某个抽屉之后, 世界就不是随机的了.

2.2 抽样分布

服从某个分布函数的随机变量, 在统计学中也可以称为一个总体 (population). 例如, 我们从总体 Y 中随机观察到 $n \geqslant 1$ 个观察值, 记为 $Y_1, Y_2, \cdots, Y_n$, 这也称为一个容量为 n 的样本 (sample), 这个过程称为随机抽样 (sampling). 随机抽样得到的 n 个观察值是独立同分布的 (independently identically distributed, IID).

某样本 $Y_1, Y_2, \cdots, Y_n$ 的经验分布是指每个样本点概率为 $\dfrac{1}{n}$ 的离散分布. 显然, 该经验分布的累积分布函数 (empirical cumulative distribution function, ECDF) 是一个阶梯函数.

图 2.1 展示了一个标准正态分布随机样本的累积经验分布函数.

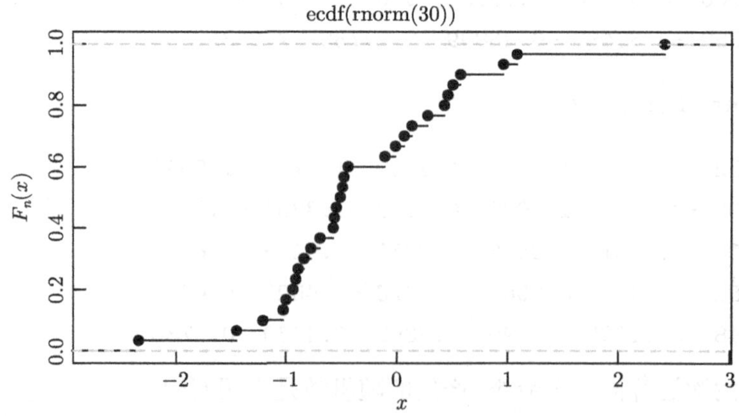

图 2.1　一个标准正态分布随机样本的累积经验分布函数

```
set.seed(1234)
plot(ecdf(rnorm(30)))
```

根据统计学基本定理 (Stachurski, 2016), 不严格地说, 随着样本容量趋近于无穷大, 累积经验分布函数越来越接近真实的累积分布函数.

2.2.1 随机抽样

函数 sample() 可以用来在某个向量中随机抽出某些元素, 其中参数 size 表示抽出元素的数量.

```
sample(1:6,size=1)
```

```
## [1] 6
```

```
sample(c("Male","Female"),size=2)
```

```
## [1] "Male"   "Female"
```

函数 sample() 默认为无放回抽样, 如果加参数 replace=T, 则可实现有放回抽样.

```
sample(1:6,size=1)
```

```
## [1] 1
```

```
sample(c("Male","Female"),size=5,replace=TRUE)
```

```
## [1] "Male"   "Female" "Male"   "Female" "Male"
```

函数 sample() 默认抽样概率为均匀的, 如果想设定概率, 则可以加参数 prob.

```
sample(c("Male","Female"),size=5, replace=TRUE,
       prob=c(0.4,0.6))
```

```
## [1] "Female" "Female" "Male"   "Female" "Male"
```

下面的例子为在一副扑克牌中抽出三张.

```
a<-rep(c("A", 2:10, "J", "Q", "K"), 4)
b<-c("Heart", "Diamond", "Spade", "Club")
cards<-paste(a, b)
sample(cards, 3)
```

```
## [1] "5 Heart" "A Spade" "7 Club"
```

2.2.2 大样本抽样分布

给定样本 $Y_1, Y_2, \cdots, Y_n$, 样本均值定义为

$$\bar{Y} := \frac{1}{n}(Y_1 + Y_2 + \cdots + Y_n)$$

在抽样之前, 样本是随机的, 因此样本均值也是一个随机变量. 由简单的计算可知

$$E(\bar{Y}) = \mu_Y$$

$$\mathrm{var}(\bar{Y}) = \sigma_Y^2/n$$

某随机变量 Y 的样本均值 $\bar{Y}$ 的抽样分布部分取决于 Y 本身的分布, 但有可能它们不属于同一类分布. 但是, 当 Y 为正态分布时, $\bar{Y}$ 也一定为正态分布.

若 Y 不服从正态分布, 甚至有可能我们不知道它的分布函数, 那么 $\bar{Y}$ 的分布就更加不清楚了. 然而, 若我们能取得较大的样本容量 n, 则这种情况将有所改善. 大数定律和中心极限定理是大样本统计学的两个基石.

1. **大数定律**

下面简要描述大数定律. 对于一个随机抽样的容量为 n 的样本 $Y_1, Y_2, \cdots, Y_n$, 设其期望为 μ_Y, 方差为 $\sigma^2 \in (0, \infty)$. 那么, 当样本容量 n 趋近于无穷大时, 样本均值 $\bar{Y}$ 以概率收敛到期望 μ_Y.

下面举一个简单的例子说明大数定律. 设 Y 服从 $p = 0.78$ 的伯努利分布, 随机抽取容量为 n 的样本, 虽然不能得到 $\bar{Y}$ 的分布, 但可以将这个随机抽取过程重复多次, 如 10 000 次, 将每次得到的样本均值 $\bar{Y}$ 组成一个向量, 并用 hist() 函数显示其分布. 图 2.2 展示了当样本容量分别为 2、5、25、100 时的情形.

```
par(mfrow=c(2,2))
##
n<-2
repetitions<-10000
xs<-c()
for(i in 1:repetitions) {
  x<-sample(c(0,1),size=n,replace=TRUE,prob=c(0.22,0.78))
  xs[i]<-mean(x)
}
hist(xs, prob=T, breaks=30,
     col="steelblue",main="n=2",xlim=c(0,1))
##
n<-5
repetitions<-10000
xs<-c()
for(i in 1:repetitions) {
  x<-sample(c(0,1),size=n,replace=TRUE,prob=c(0.22,0.78))
  xs[i]<-mean(x)
}
hist(xs, prob=T, breaks=30,
     col="steelblue",main="n=5",xlim=c(0,1))
##
n<-25
```

```
repetitions<-10000
xs<-c()
for(i in 1:repetitions) {
  x<-sample(c(0,1),size=n,replace=TRUE,prob=c(0.22,0.78))
  xs[i]<-mean(x)
}
hist(xs, prob=T, breaks=30,
     col="steelblue",main="n=25",xlim=c(0,1))
##
n<-100
repetitions<-10000
xs<-c()
for(i in 1:repetitions) {
  x<-sample(c(0,1),size=n,replace=TRUE,prob=c(0.22,0.78))
  xs[i]<-mean(x)
}
hist(xs, prob=T, breaks=30,
     col="steelblue",main="n=100",xlim=c(0,1))
```

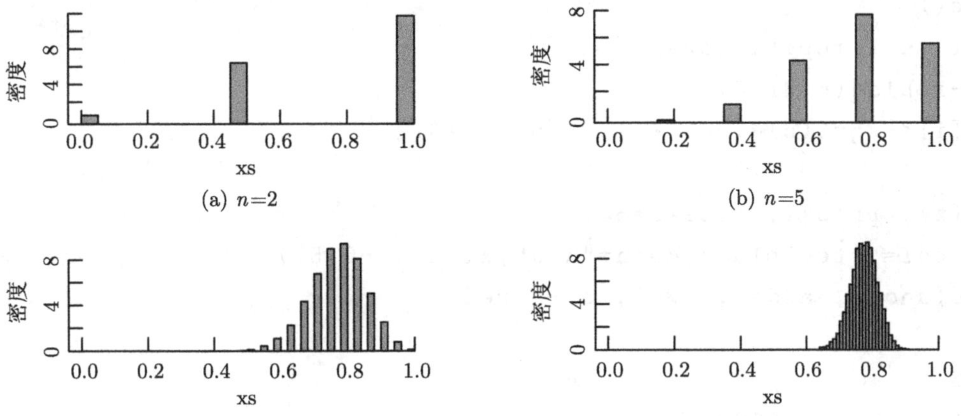

(a) n=2 (b) n=5

(c) n=25 (d) n=100

图 2.2 大数定理示意图

2. 中心极限定理

下面简要描述中心极限定理. 对于一个随机抽样的容量为 n 的样本 $Y_1, Y_2, \cdots, Y_n$, 设其期望为 $E(Y_i) = \mu_Y$, 方差为 $\sigma^2 \in (0, \infty)$. 那么, 当样本容量趋近于无穷大时, 随机变量:

$$Z := \frac{\sqrt{n}(\bar{Y} - \mu_Y)}{\sigma_Y}$$

的分布函数越来越接近标准正态分布.

我们设定原随机变量 Y 服从自由度为 8 的卡方分布, 随机抽得容量为 n 的样本, 并求得新随机变量 Z. 将这个过程重复 10 000 次, 那么, 根据统计学基本定理 (Stachurski, 2016), 这 10 000 个 Z 得到的样本的经验累积分布函数将收敛于标准正态分布的分布函数. 图 2.3 中展示了当样本容量分别为 1、5、25、100 时的情形.

```
par(mfrow=c(2,2))
n<-1
repetitions<-10000
xs<-c()
for(i in 1:repetitions) {
  x<-rchisq(n,df=8)
  xs[i]<-sqrt(n)*(mean(x)-8)/sqrt(16)
}
hist(xs, prob=T, breaks=30,
     col="steelblue",main="n=1",xlim=c(-5,5))
curve(dnorm, add=T, lw=2, col="red")
##
n<-5
repetitions<-10000
xs<-c()
for(i in 1:repetitions) {
  x<-rchisq(n,df=8)
  xs[i]<-sqrt(n)*(mean(x)-8)/sqrt(16)
}
hist(xs, prob=T, breaks=30,
     col="steelblue",main="n=5",xlim=c(-5,5))
curve(dnorm, add=T, lw=2, col="red")
##
n<-25
repetitions<-10000
xs<-c()
for(i in 1:repetitions) {
  x<-rchisq(n,df=8)
  xs[i]<-sqrt(n)*(mean(x)-8)/sqrt(16)
}
hist(xs, prob=T, breaks=30,
     col="steelblue",main="n=20",xlim=c(-5,5))
curve(dnorm, add=T, lw=2, col="red")
##
```

```
n<-100
repetitions<-10000
xs<-c()
for(i in 1:repetitions) {
  x<-rchisq(n,df=8)
  xs[i]<-sqrt(n)*(mean(x)-8)/sqrt(16)
}
hist(xs, prob=T, breaks=30,
     col="steelblue",main="n=100",xlim=c(-5,5))
curve(dnorm, add=T, lw=2, col="red")
```

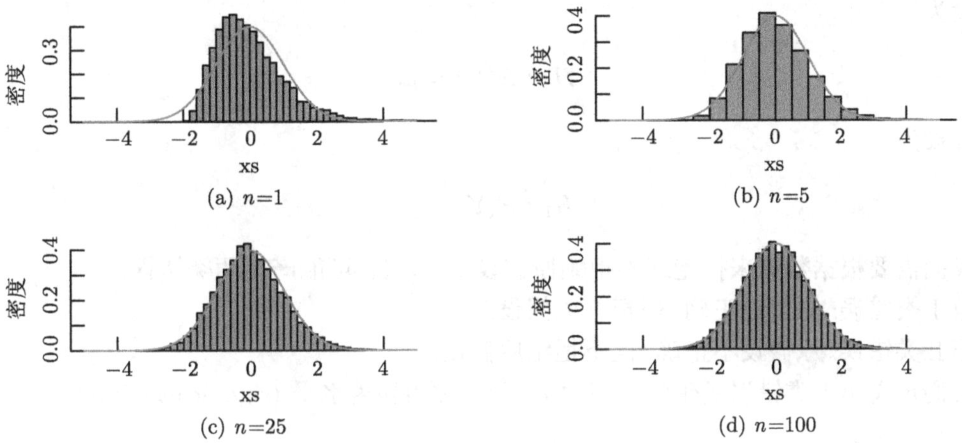

图 2.3 中心极限定理示意图

2.3 统 计 推 断

设随机变量 Y 的期望为 μ, 方差为 σ^2. 在现实中, 这些参数往往是未知的. 我们需要从随机变量 Y 的一个随机抽样的样本来推断它们.

随机变量 Y 的一个随机样本记为

$$(Y_1, Y_2, \cdots, Y_n)$$

它的样本均值为

$$\bar{Y} := \frac{Y_1 + Y_2 + \cdots + Y_n}{n}$$

它的样本方差 (sample variance) 为

$$s_Y^2 := \frac{1}{n-1}\sum_{i=1}^{n}(Y_i - \bar{Y})^2$$

它的样本标准差 (sample standard deviation) 为

$$s_Y := \sqrt{s_Y^2} = \sqrt{\frac{1}{n-1}\sum_{i=1}^{n}(Y_i - \bar{Y})^2}$$

样本均值 $\bar{Y}$ 的标准误 (standard error) 为

$$\mathrm{SE}(\bar{Y}) := \frac{s_Y}{\sqrt{n}}$$

2.3.1　假设检验

假设检验的目的是通过一个随机样本判断一个未知参数是否等于一个已知数. 本节中我们主要考虑的未知参数是随机变量 Y 的期望 $E(Y)$, 我们判断 $E(Y)$ 是否等于已知数 μ_0. 原假设为

$$H_0 : E(Y) = \mu_0$$

备择假设为

$$H_1 : E(Y) \neq \mu_0$$

我们需要根据数据来拒绝或不拒绝原假设 H_0. 这有可能产生两类错误.
第 I 类错误: 原假设正确, 但拒绝原假设.
第 II 类错误: 原假设不正确, 但不拒绝原假设.
我们定义第 I 类错误发生的概率为 α, 一般称为显著水平 (significance level).

1. t 统计量法

为了做假设检验, 必须先计算 t 统计量.

$$t := \frac{\bar{Y} - \mu_{Y,0}}{\mathrm{SE}(\bar{Y})} = \sqrt{n}\frac{\bar{Y} - \mu_{Y,0}}{s_Y}$$

假设原随机变量 $Y \sim N(\mu_Y, \sigma^2)$, 可以证明 t 统计量服从自由度为 $n-1$ 的学生氏 t 分布, 即

$$t \sim t(n-1)$$

令 $\bar{Y}^{\mathrm{act}}$ 为用数据实际计算得到的样本均值, 而 t^{act} 为其对应的 t 值.

$$t^{\mathrm{act}} := \frac{\bar{Y}^{\mathrm{act}} - \mu_{Y,0}}{\mathrm{SE}(\bar{Y})}$$

如果用 t 统计量法做假设检验, 应采取如下步骤.
(1) 确定显著水平 α.
(2) 查表或用 R 命令得到 α 对应的分位点 $t_{1-\alpha/2}(n-1)$.
(3) 计算 t^{act}.
(4) 如果 $|t^{\mathrm{act}}| \geqslant t_{1-\alpha/2}(n-1)$, 则拒绝原假设; 反之, 则不拒绝.

```
data(women)
weight<-women$weight
mu0<-132
n<-length(weight)
alpha<-0.05
(critical.point<-qt(1-alpha/2,n-1))
```

```
## [1] 2.145
```

```
(t<-sqrt(n)*(mean(weight)-mu0)/sd(weight))
```

```
## [1] 1.183
```

由上可知, 在 95% 的显著水平下, 我们不拒绝原假设.

2. p 值法

p 值定义为

$$p\text{-value} := \Pr_{H_0}(|t| > |t^{\text{act}}|) = 2\Pr_{H_0}(t > |t^{\text{act}}|)$$

由定义可知, p 值是最大不能拒绝的显著水平.

如果用 p 值法做假设检验, 应采取如下步骤.

(1) 确定显著水平 α.

(2) 计算 t^{act}.

(3) 计算 p 值.

(4) 如果 $p \leqslant \alpha$, 则拒绝原假设; 反之, 则不拒绝.

```
data(women)
weight<-women$weight
mu0<-132
n<-length(weight)
alpha<-0.05
(t<-sqrt(n)*(mean(weight)-mu0)/sd(weight))
```

```
## [1] 1.183
```

```
(p<-2*(1-pt(t,n-1)))
```

```
## [1] 0.2566
```

同样, 在 95% 的显著水平下, 我们不拒绝原假设.

3. 单侧检验

有时候备择假设是单边不等式, 例如:

$$E(Y) > \mu_0$$

此时 p 值定义为

$$p\text{-value} := \Pr_{H_0}(t > t^{\text{act}})$$

```
(p<-1-pt(t,n-1))
## [1] 0.1283
```

如果备择假设为

$$E(Y) < \mu_0$$

此时 p 值定义为

$$p\text{-value} := \Pr_{H_0}(t < t^{\text{act}})$$

```
(p<-pt(t,n-1))
## [1] 0.8717
```

2.3.2　置信区间

我们称样本均值 $\bar{Y}$ 是总体期望 μ_Y 的一个点估计. 点估计经常是不准确的, 甚至可以说正确的概率为零. 有的时候, 我们需要根据某种计算方法得到一个随机区间, 该随机区间以某个较大的概率包含总体期望 μ_Y, 这称为区间估计. 较容易想到, 这个区间应该以点估计 $\bar{Y}$ 为中点.

已知

$$\frac{\bar{Y}-\mu_Y}{s_Y/\sqrt{n}} \sim t(n-1)$$

那么, 有

$$\Pr\left(-t_{\alpha/2}(n-1) < \frac{\bar{Y}-\mu_Y}{s_Y/\sqrt{n}} < t_{\alpha/2}(n-1)\right) = 1-\alpha$$

对大圆括号里的内容做变换, 得到

$$\Pr\left(\bar{Y}-t_{\alpha/2}(n-1)\frac{s_Y}{\sqrt{n}} < \mu_Y < \bar{Y}+t_{\alpha/2}(n-1)\frac{s_Y}{\sqrt{n}}\right) = 1-\alpha$$

这个式子可以这样理解, 随机区间:

$$\left(\bar{Y}-t_{\alpha/2}(n-1)\frac{s_Y}{\sqrt{n}}, \bar{Y}+t_{\alpha/2}(n-1)\frac{s_Y}{\sqrt{n}}\right)$$

包含真实的总体期望 μ_Y 的概率为 $1-\alpha$.

```
data(women)
weight<-women$weight
alpha<-0.05
```

```
n<-length(weight)
conf.interval<-c(mean(weight)
                -qt(1-0.5*alpha,n-1)*sd(weight)/sqrt(n),
                 mean(weight)
                +qt(1-0.5*alpha,n-1)*sd(weight)/sqrt(n))
names(conf.interval)<-c("lower.bound", "upper.bound")
conf.interval
```

```
## lower.bound upper.bound
##       128.2       145.3
```

其实，我们可以采用 t.test() 函数直接得到以上假设检验和区间估计所需要的所有统计值.

```
data(women)
weight<-women$weight
mu0<-132
t.test(weight,y=NULL,alternative="two.sided",
       mu=mu0,conf.level=0.95)
```

```
##
##  One Sample t-test
##
## data:  weight
## t=1.2, df=14, p-value=0.3
## alternative hypothesis: true mean is not equal to 132
## 95 percent confidence interval:
##  128.2 145.3
## sample estimates:
## mean of x
##     136.7
```

```
t.test(weight,y=NULL,alternative="less",
       mu=mu0,conf.level=0.95)
```

```
##
##  One Sample t-test
##
## data:  weight
## t=1.2, df=14, p-value=0.9
## alternative hypothesis: true mean is less than 132
## 95 percent confidence interval:
##   -Inf 143.8
```

```
## sample estimates:
## mean of x
##     136.7
```

```
t.test(weight,y=NULL,alternative="greater",
       mu=mu0,conf.level=0.95)
```

```
##
##  One Sample t-test
##
## data:  weight
## t=1.2, df=14, p-value=0.1
## alternative hypothesis: true mean is greater than 132
## 95 percent confidence interval:
##  129.7   Inf
## sample estimates:
## mean of x
##     136.7
```

2.3.3　大样本统计推断

由中心极限定理可知, 当样本容量 $n \to \infty$ 时, 无论原随机变量 Y 服从何种分布, t 统计量都渐进服从标准正态分布.

那么:

$$t := \sqrt{n}\frac{\bar{Y} - \mu_{Y,0}}{s_Y} \overset{a}{\sim} N(0,1)$$

设根据实际样本均值计算得到的实际 t 值为 t^{act}, 则

$$p\text{-value} := 2\varPhi(-|t^{\text{act}}|)$$

其中, $\varPhi(\cdot)$ 为标准正态分布的累积分布函数.

如果用 t 统计量法做假设检验, 应采取如下步骤.

(1) 确定显著水平 α.

(2) 查表或用 R 命令得到 α 对应的分位点 $z_{1-\alpha/2}$.

(3) 计算 t^{act}.

(4) 如果 $|t^{\text{act}}| \geqslant z_{1-\alpha/2}$, 则拒绝原假设; 反之, 则不拒绝.

如果用 p 值法做假设检验, 应采取如下步骤.

(1) 确定显著水平 α.

(2) 计算 t^{act}.

(3) 计算 p 值.

(4) 如果 $p \leqslant \alpha$, 则拒绝原假设; 反之, 则不拒绝.

置信区间为

$$\left(\bar{Y}-z_{1-\alpha/2}\frac{s_Y}{\sqrt{n}},\bar{Y}+z_{1-\alpha/2}\frac{s_Y}{\sqrt{n}}\right)$$

```
data(women)
weight<-women$weight
alpha<-0.05
mu0<-132
n<-length(weight)
t<-sqrt(n)*(mean(weight)-mu0)/sd(weight)
p<-2*pnorm(-t)
# t-statistic method
z<-qnorm(1-alpha/2)
ifelse(t>z, "Reject", "Not Reject")
```

```
## [1] "Not Reject"
```

```
# p-value method
ifelse(p<alpha, "Reject", "Not Reject")
```

```
## [1] "Not Reject"
```

```
# confidence interval
(conf.interval<-c(mean(weight)
                  -qnorm(1-0.5*alpha)*sd(weight)/sqrt(n),
                   mean(weight)
                  +qnorm(1-0.5*alpha)*sd(weight)/sqrt(n)))
```

```
## [1] 128.9 144.6
```

2.3.4 不同总体的均值比较

在 Stock 和 Watson (2012) 的文献的第 3 章的专栏 “美国大学毕业生收入的性别差异” 中, 作者比较了男大学毕业生 (简称男生) 与女大学毕业生 (简称女生) 的工资. 设男生工资的期望为 μ_{m}, 样本方差为 s_{m}^2, 样本容量为 n_{m}; 而女生工资的期望为 μ_{w}, 样本方差为 s_{w}^2, 样本容量为 n_{w}. 我们要检验的原假设为

$$H_0:\mu_{\mathrm{m}}-\mu_{\mathrm{w}}=d_0$$

双侧备择假设为

$$H_1:\mu_{\mathrm{m}}-\mu_{\mathrm{w}}\neq d_0$$

容易计算得到, 男女生工资样本均值之差 $\bar{Y}_{\mathrm{m}}-\bar{Y}_{\mathrm{w}}$ 的标准误为

$$\mathrm{SE}(\bar{Y}_{\mathrm{m}}-\bar{Y}_{\mathrm{w}})=\sqrt{\frac{s_{\mathrm{m}}^2}{n_{\mathrm{m}}}+\frac{s_{\mathrm{w}}^2}{n_{\mathrm{w}}}}$$

构建 t 统计量为

$$t := \frac{(\bar{Y}_{\mathrm{m}} - \bar{Y}_{\mathrm{w}}) - d_0}{\mathrm{SE}(\bar{Y}_{\mathrm{m}} - \bar{Y}_{\mathrm{w}})}$$

不难证明, 在两个样本都较大的情形下, 如果原假设成立, 则 t 统计量渐进服从标准正态分布. 且

$$p\text{-value} := 2\Phi(-|t^{\mathrm{act}}|)$$

与前面的内容相似, 我们可以用 “t 统计量法” 和 “p 统计量法” 做假设检验.

我们还可以构建置信区间. 设置信度为 $1-\alpha$, 那么两个总体期望之差 $\mu := \mu_{\mathrm{m}} - \mu_{\mathrm{w}}$ 的置信区间为

$$\left((\bar{Y}_{\mathrm{m}} - \bar{Y}_{\mathrm{w}}) - z_{1-\alpha/2}\mathrm{SE}(\bar{Y}_{\mathrm{m}} - \bar{Y}_{\mathrm{w}}), (\bar{Y}_{\mathrm{m}} - \bar{Y}_{\mathrm{w}}) + z_{1-\alpha/2}\mathrm{SE}(\bar{Y}_{\mathrm{m}} - \bar{Y}_{\mathrm{w}})\right)$$

我们载入数据集 cps_ch3.

```
library(foreign)
cps<-read.dta("cps_ch3.dta")
names(cps)
```

```
## [1] "a_sex" "year"  "ahe08"
```

其中, 变量 a_sex 表示性别, 1 为男生, 2 为女生; 变量 year 表示调查年份; 变量 ahe08 表示以 2008 年价格水平计算的当年工资.

我们以 2008 年调查数据为例, 检验男生工资与女生工资的差是否等于零, 即 $d_0 = 0$.

```
cps2008<-subset(cps,year==2008)
cps2008m<-subset(cps,year==2008 & a_sex==1)
cps2008w<-subset(cps,year==2008 & a_sex==2)
diff.Y<-mean(cps2008m$ahe08)-mean(cps2008w$ahe08)
n.m<-nrow(cps2008m)
n.w<-nrow(cps2008w)
var.m<-var(cps2008m$ahe08)
var.w<-var(cps2008w$ahe08)
se.diff<-sqrt(var.m/n.m+var.w/n.w)
(t<-diff.Y/se.diff)
```

```
## [1] 11.59
```

```
(pvalue<-pnorm(t,lower.tail=F))
```

```
## [1] 2.272e-31
```

95% 置信区间为

```
alpha<-0.05
conf.interval<-c(diff.Y-qnorm(1-alpha/2)*se.diff,
                 diff.Y+qnorm(1-alpha/2)*se.diff)
conf.interval
```

```
## [1] 3.410 4.797
```

在有限样本情形下, 我们也可以用 t.test() 函数来做假设检验和区间估计.

```
t.test(cps2008m$ahe08,cps2008w$ahe08,var.equal=F)
```

```
##
##  Welch Two Sample t-test
##
## data:  cps2008m$ahe08 and cps2008w$ahe08
## t=12, df=3500, p-value<2e-16
## alternative hypothesis: true difference in means is not equal to 0
## 95percent confidence interval:
##  3.410 4.798
## sample estimates:
## mean of x mean of y
##     24.98     20.87
```

第 3 章　线性回归模型

线性回归模型是计量经济学中最基础的模型, 估计方法为普通最小二乘法 (ordinary least square, OLS).

在本章中, 我们以 Stock 和 Watson (2012) 的文献中第二部分的例子来展示如何用 R 语言实现线性回归模型. 主要用到的数据集名为 caschool, 可以在该文献的官方网站下载.

我们先导入该.dta 格式的数据.

```
library(foreign)
caschool<-read.dta('caschool.dta')
```

我们使用如下语句查看该数据集包含的所有变量.

```
names(caschool)
```

```
##  [1] "observat" "dist_cod" "county"   "district"
##  [5] "gr_span"  "enrl_tot" "teachers" "calw_pct"
##  [9] "meal_pct" "computer" "testscr"  "comp_stu"
## [13] "expn_stu" "str"      "avginc"   "el_pct"
## [17] "read_scr" "math_scr"
```

在本章中, 我们最主要的研究目的是讨论生师比 (str) 如何影响学生平均成绩 (testscr). 其中, 平均成绩是阅读成绩和数学成绩的算术平均值, 而生师比是学生数量与教师数量的比值.

3.1　简单线性回归模型的估计

最简单的线性回归模型为

$$Y_i = \beta_0 + \beta_1 X_i + u_i, \quad i = 1, 2, \cdots, n$$

其中, Y_i 称为被解释变量; X_i 称为解释变量; β_0 为截距系数; β_1 为斜率系数; u_i 为随机项; n 为观察次数.

在这里, 生师比 (str) 是解释变量, 平均成绩 (testscr) 是被解释变量. 首先, 我们来看它们的散点图 (图 3.1).

```
plot(testscr~str,
     data=caschool,
     xlab='Student-teacher ratio',
     ylab='Test score',
     pch=20)
```

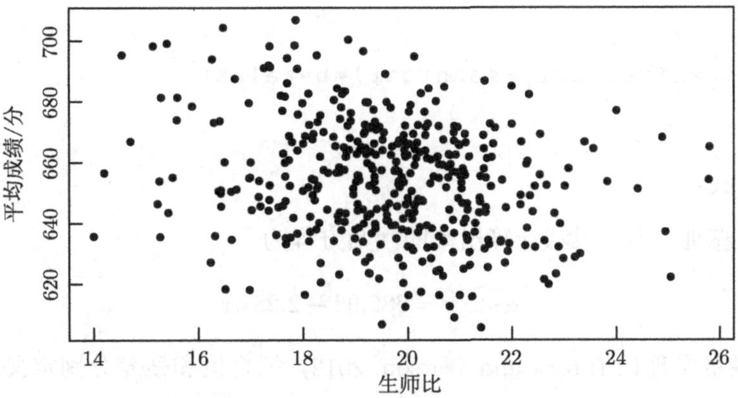

图 3.1　平均成绩与生师比的散点图

从图 3.1 可以看出, 平均成绩与生师比呈反向关系. 即生师比增加, 班级规模增大, 将导致学生平均成绩下降.

计量经济学与统计学的一个重要区别是, 计量经济学更加强调解释变量与被解释变量之间的因果关系. 在本章的例子中, 我们的研究目标是, 在其他条件不变的情况下, 生师比每增加 1, 学生平均成绩增加 (下降) 多少分?

从计量经济学理论的学习 (例如, Stock 和 Watson (2012)、Wooldridge (2015) 的文献, 尤其是 Angrist 和 Pischke (2009) 的文献) 可知, 一个回归要得到因果性的解释, 必须给出某种外生性条件, 例如:

$$E(u_i \mid X_i) = 0 \tag{3.1}$$

那么:

$$E(Y_i \mid X_i) = \beta_0 + \beta_1 X_i, \quad i = 1, 2, \cdots, n$$

那么:

$$E(Y_i \mid X_i + 1) - E(Y_i \mid X_i) = \beta_1, \quad i = 1, 2, \cdots, n-1$$

这说明, 解释变量 X_i 增加 1, 则被解释变量平均增加 β_1.

3.1.1　根据公式求解模型

根据普通最小二乘法, 一个简单线性回归的两个系数 β_1 和 β_0 的估计量分别为

$$\hat{\beta}_1 = \frac{\text{cov}(X_i, Y_i)}{\text{var}(X_i)}$$

$$\hat{\beta}_0 = \bar{Y} - \bar{X}\hat{\beta}_1$$

下面用 R 语言计算两个系数的估计值.

```
attach(caschool)
(beta1hat<-cov(str,testscr)/var(str))
```

```
## [1] -2.28
```

```
(beta0hat<-mean(testscr)-mean(str)*beta1hat)
```

```
## [1] 698.9
```

```
detach(caschool)
```

因此, 通过普通最小二乘法计算出来的回归方程为

$$\widehat{\text{testscr}} = 689.93 - 2.28\text{str}$$

根据计量经济学理论 (Stock and Watson, 2012), 拟合值和残差分别定义如下:

$$\hat{Y}_i = \hat{\beta}_0 + \hat{\beta}_1 X_i, \quad i = 1, 2, \cdots, n$$
$$\hat{u}_i = Y_i - \hat{Y}_i, \quad i = 1, 2, \cdots, n$$

```
attach(caschool)
yhat<-beta0hat+beta1hat*str
head(yhat)
```

```
## [1] 658.1 649.9 656.3 659.4 656.4 650.1
```

```
uhat<-testscr-yhat
head(uhat)
```

```
## [1]  32.65  11.34 -12.71 -11.66 -15.52 -44.58
```

```
detach(caschool)
```

而解释平方和、残差平方和与总体平方和分别定义如下:

$$\text{ESS} := \sum_{i=1}^{n}(\hat{Y}_i - \bar{Y})^2$$
$$\text{SSR} := \sum_{i=1}^{n}\hat{u}_i^2$$
$$\text{TSS} := \sum_{i=1}^{n}(Y_i - \bar{Y})^2$$

计算解释平方和:

```
attach(caschool)
(ess<-(yhat-mean(testscr))%*%(yhat-mean(testscr)))
```

```
##       [,1]
## [1,] 7794
```

```
ym<-mean(caschool$testscr)
(tss<-(testscr-ym)%*%(testscr-ym))
```

```
##         [,1]
## [1,] 152110
```

```
(ssr<-uhat%*%uhat)
```

```
##         [,1]
## [1,] 144315
```

```
detach(caschool)
```

决定系数定义如下:

$$R^2 := \frac{\text{ESS}}{\text{TSS}} = 1 - \frac{\text{SSR}}{\text{TSS}}$$

```
(rsq<-ess/tss)
```

```
##          [,1]
## [1,] 0.05124
```

回归标准误定义如下:

$$\text{SER} := s_{\hat{u}}, \quad s_{\hat{u}}^2 := \frac{1}{n-2}\sum_{i=1}^{n}\hat{u}_i^2 = \frac{\text{SSR}}{n-2}$$

```
(ser<-sqrt(ssr/(length(uhat)-2)))
```

```
##        [,1]
## [1,] 18.58
```

3.1.2 根据 lm() 函数求解模型

在 R 语言中, 普通最小二乘法用 lm() 函数实现. 回归的结果包含了以上所有信息, 可以作为一个对象存储起来, 方便以后调用.

```
(simple.reg<-lm(testscr~str,data=caschool))
```

```
##
## Call:
## lm(formula=testscr~str, data=caschool)
##
## Coefficients:
## (Intercept)          str
##      698.93        -2.28
```

我们在图 3.1 中加入样本回归线, 如图 3.2 所示.

```
plot(testscr~str,
     data=caschool,
```

```
    xlab='Student-teacher ratio',
    ylab='Test score',
    pch=20)
abline(simple.reg,col="blue",lw=2)
```

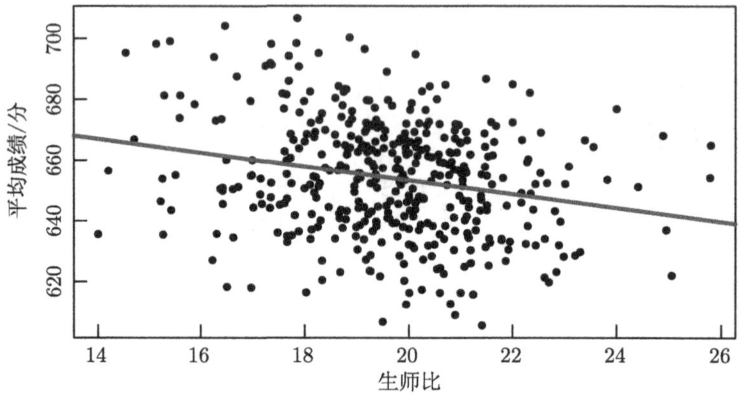

图 3.2　平均成绩与生师比的散点图: 加入样本回归线

我们可以从对象 simple 中提取回归结果的信息, 这个留到多元线性回归模型中再介绍.

3.1.3　二元解释变量

在计量经济学中, 经常需要用到一种特殊的二元 (binary) 解释变量, 它只有两种可能的值, 也称为虚拟变量 (dummy variable). 例如, 性别、婚姻状态、研发的成功与失败等. 我们经常以 0 和 1 来指代这两个值, 如男性为 0, 女性为 1; 未婚为 0, 已婚为 1; 失败为 0, 成功为 1.

有时候, 我们也可以定义一些模糊的虚拟变量. 在本例中, 我们可以定义高和低的生师比, 例如, 定义生师比在 20 及以上为高, 令

$$D := \begin{cases} 1, & \text{生师比小于 } 20 \\ 0, & \text{生师比大于等于 } 20 \end{cases}$$

并依据简单线性回归模型, 比较生师比的高低对平均成绩的影响. 加入二元解释变量后, 平均成绩与生师比的散点图如图 3.3 所示.

```
caschool$D<-ifelse(caschool$str<20,1,0)
plot(testscr~D,
    pch=20,
    cex=1,
    data=caschool)
(binary.reg<-lm(testscr~D,data=caschool))

##
## Call:
```

```
## lm(formula=testscr~D, data=caschool)
##
## Coefficients:
## (Intercept)           D
##      649.98        7.37
```

```
abline(binary.reg)
```

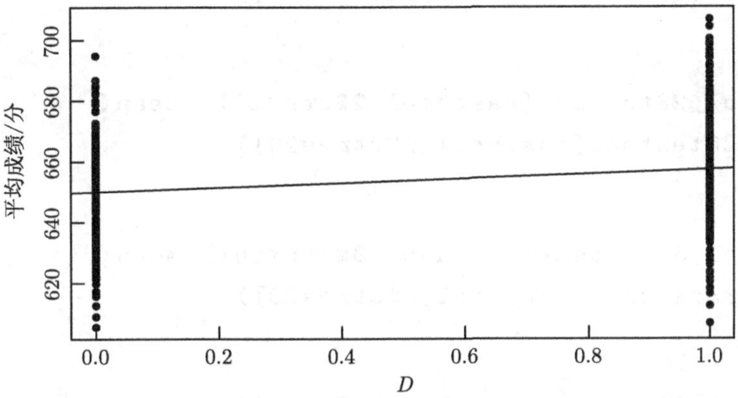

图 3.3 平均成绩与生师比的散点图: 二元解释变量

3.2 多元线性回归模型的估计

3.1 节用简单线性回归模型研究了生师比对平均成绩的影响, 研究结果是生师比每增加 1, 学生平均成绩下降 2.28. 但是, 加利福尼亚州的移民比例较大, 生师比大的班级通常移民比例也较大, 而来自非英语国家的移民通常要花时间学英语, 这会影响到学习成绩. 那么, 前面研究得到的生师比对平均成绩的影响, 会不会其实部分是学英语者比例 (el_pct) 对平均成绩的影响?

用计量经济学的语言来说, 学英语者比例也是会影响到平均成绩的, 但在简单线性回归模型中, 解释变量只有生师比, 那么学英语者比例就包含在扰动项中了. 那么, 在简单线性回归模型中, 学英语者比例就成为一个遗漏变量 (omitted variable). 而且, 由于该遗漏变量与解释变量相关, 这就使得外生性假设不成立. 我们说此时该模型具有遗漏变量偏误. 当外生性假设不成立时, 我们称该模型具有内生性. 遗漏变量偏误是造成模型内生性的一个原因.

3.2.1 分组比较

为了解决这个内生性问题, 一个简单的方案是: 将数据 caschool 按照英语学习者比例分成若干组, 在每组内进行因果关系研究. 这样至少部分过滤掉了英语学习者比例问题对本研究的干扰.

首先, 我们将数据按照英语学习者比例分成四组.

```
caschool_1<-subset(caschool,el_pct<1.9)
```

```
caschool_2<-subset(caschool,el_pct>=1.9&el_pct<8.8)
caschool_3<-subset(caschool,el_pct>=8.8&el_pct<23.0)
caschool_4<-subset(caschool,el_pct>=23.0)
```

然后, 在每组内, 按照生师比是否大于 20 分为两小组, 将低生师比组的平均分减去高生师比的平均分.

```
mean(caschool_1$testscr[caschool_1$str<20])-mean(
  caschool_1$testscr[caschool_1$str>=20])

## [1] -0.9

mean(caschool_2$testscr[caschool_2$str<20])-mean(
  caschool_2$testscr[caschool_2$str>=20])

## [1] 3.329

mean(caschool_3$testscr[caschool_3$str<20])-mean(
  caschool_3$testscr[caschool_3$str>=20])

## [1] 5.169

mean(caschool_4$testscr[caschool_4$str<20])-mean(
  caschool_4$testscr[caschool_4$str>=20])

## [1] 1.894
```

这四个差分别约为 -0.9、3.3、5.2、1.9, 比起原估计值 7.4 而言, 生师比对学习成绩的影响大大降低了.

3.2.2 多元线性回归模型的建立

解决遗漏变量问题更常见的方案是使用多元线性回归模型, 即将遗漏变量加入回归的解释变量中.

设解释变量分别为 $X_{1i},\cdots,X_{ki}$, 那么多元回归方程为

$$Y_i=\beta_0+\beta_1X_{1i}+\beta_2X_{2i}+\cdots+\beta_kX_{ki}+u_i,\quad i=1,2,\cdots,n$$

其中, 下标 i 表示第 i 次观察; u_i 是随机误差项; $\beta_m, m=1,2,\cdots,k$ 是解释变量 X_m 的系数; β_0 是截距系数, 表示所有解释变量为 0 时的解释变量的期望值.

不难看出, 要识别出这里的系数, 需要一个假设: 没有完美多重共线性, 即没有一个解释变量是其他解释变量的线性组合.

与简单线性回归模型类似, 多元线性回归模型也有一个因果性的解释, 这需要外生性条件:

$$E(u_i\mid X_{1i},\cdots,X_{ki})=0 \tag{3.2}$$

就我们的问题而言, 目前我们只需要两个解释变量, 一个是生师比 (str), 另一个是学英语者比例 (el_pct).

3.2.3 用矩阵求估计值

多元线性回归模型的估计仍然采用最小二乘法. 与 3.1.1 节不同, 我们没有简单的公式计算回归结果. 根据高级计量经济学理论 (Hayashi, 2000), 多元线性回归模型的系数可以用如下矩阵形式得到:

$$\hat{\boldsymbol{\beta}} = (\boldsymbol{X}'\boldsymbol{X})^{-1}\boldsymbol{X}'\boldsymbol{Y} \tag{3.3}$$

其中, $\boldsymbol{X}$ 是包含截距项在内的 $n \times (k+1)$ 的解释变量矩阵; $\boldsymbol{Y}$ 是 $n \times 1$ 的被解释变量向量.

```
n<-nrow(caschool)
k<-2
Y<-caschool$testscr
x0<-rep(1,n)
x1<-caschool$str
x2<-caschool$el_pct
X<-cbind(x0,x1,x2)
(beta<-solve(t(X)%*%X)%*%t(X)%*%Y)
```

```
##          [,1]
## x0 686.0322
## x1  -1.1013
## x2  -0.6498
```

拟合值和残差向量分别为

```
Yhat<-X%*%beta
uhat<-Y-Yhat
head(Yhat)
```

```
##        [,1]
## [1,] 666.3
## [2,] 659.3
## [3,] 645.9
## [4,] 666.9
## [5,] 656.5
## [6,] 654.4
```

```
head(uhat)
```

```
##          [,1]
## [1,]  24.470
## [2,]   1.851
## [3,]  -2.348
## [4,] -19.217
```

```
## [5,] -15.615
## [6,] -48.845
```

3.2.4　用 lm() 函数求估计值

我们也可以使用 lm() 函数来计算回归结果.

```
(multi1<-lm(testscr~str+el_pct,data=caschool))
```

```
##
## Call:
## lm(formula=testscr~str+el_pct, data=caschool)
##
## Coefficients:
## (Intercept)          str       el_pct
##      686.03        -1.10        -0.65
```

下面介绍提取各类回归结果的方法.

首先, 提取估计系数向量.

```
multi1$coefficients
```

```
## (Intercept)         str      el_pct
##    686.0322     -1.1013     -0.6498
```

```
coefficients(multi1)
```

```
## (Intercept)         str      el_pct
##    686.0322     -1.1013     -0.6498
```

其中, coefficients 可以缩写为 coef.

其次, 提取残差和拟合值向量.

```
head(multi1$fitted.values)
```

```
##     1     2     3     4     5     6
## 666.3 659.3 645.9 666.9 656.5 654.4
```

```
head(fitted.values(multi1))
```

```
##     1     2     3     4     5     6
## 666.3 659.3 645.9 666.9 656.5 654.4
```

```
head(multi1$residuals)
```

```
##       1       2       3       4       5       6
##  24.470   1.851  -2.348 -19.217 -15.615 -48.845
```

```
head(residuals(multi1))
```

```
##      1      2      3       4       5       6
##  24.470  1.851  -2.348 -19.217 -15.615 -48.845
```

其中, residuals 可以缩写为 resid, 而 fitted.values 可以缩写为 fitted.

另外, 回归方程的自由度 $n-k-1$ 由下面的方式得到:

```
multi1$df
```

```
## [1] 417
```

残差平方和可以由下面的方式得到:

```
deviance(multi1)
```

```
## [1] 87245
```

除了上述的方式之外, 还有一个回归概要 (summary) 中包含了回归结果信息.

```
multi1.summ<-summary(multi1)
```

我们可以从中提取决定系数 (r.squared) 和回归标准误 (sigma).

```
multi1.summ$r.squared
```

```
## [1] 0.4264
```

```
multi1.summ$sigma
```

```
## [1] 14.46
```

3.2.5 Frisch-Waugh 定理

根据 Frisch-Waugh 定理 (例如, Stock 和 Watson (2012)、Hayashi (2000) 的相关研究), 对 β_1 的估计可以按照如下三个步骤进行.

(1) 用 X_1 对 X_0 和 X_2 回归, 保存其残差 $\tilde{X}_1$.

(2) 用 Y 对 X_0 和 X_2 回归, 保存其残差 $\tilde{Y}$.

(3) 用 $\tilde{Y}$ 对 X_0 和 $\tilde{X}_1$ 回归, 其斜率系数就是 $\hat{\beta}$.

```
tilde_x1<-residuals(lm(x1~x0+x2))
tilde_y<-residuals(lm(Y~x0+x2))
(lm(tilde_y~tilde_x1))
```

```
##
## Call:
## lm(formula=tilde_y~tilde_x1)
##
## Coefficients:
## (Intercept)     tilde_x1
##    8.19e-16    -1.10e+00
```

3.3 线性回归模型的统计推断

在估计出回归系数之后, 常常需要对其做假设检验和区间估计. 在经典线性回归模型中, 我们要做出如下假设.

(1) 外生性假设, 即

$$E(u_i \mid X_{1i}, \cdots, X_{ki}) = 0$$

(2) 无多重共线性假设, 即没有一个解释变量是其他解释变量的线性组合.

(3) 同方差假设, 即

$$\operatorname{var}(u_i \mid X_{1i}, \cdots, X_{ki}) = \sigma^2$$

(4) 序列无关假设, 即

$$\operatorname{cov}(u_i, u_s) = 0, \quad i \neq s$$

(5) 正态性假设, 即

$$u_i \mid X_{1i}, \cdots, X_{ki} \sim N(0, \sigma^2)$$

以上 5 个假设经常统称为 Gauss-Markov 假设. 在微观计量经济学研究中, 数据经常满足独立同分布的条件, 这意味着假设 (4) 自然成立.

3.3.1 单个系数的假设检验

有了 Gauss-Markov 假设, 可以得到

$$\frac{\hat{\beta}_j - \beta_j}{\mathrm{SE}(\hat{\beta}_j)} \sim t_{n-k-1} \tag{3.4}$$

一般来说, 我们主要的兴趣在于原假设:

$$H_0 : \beta_j = 0$$

构建 t 统计量为

$$t := \frac{\hat{\beta}_j}{\mathrm{SE}(\hat{\beta}_j)}$$

p 值为

$$p\text{-value} := \mathrm{Pr}_{H_0}(|t| > |t^{\mathrm{act}}|)$$

当原假设 H_0 成立时, 该 t 统计量服从 t_{n-k-1} 分布.

我们只考虑双侧检验. 选定显著水平 α, 一般为 0.1, 0.05, 0.01. 如果 $|t^{\text{act}}| > |t_{1-\alpha/2}|$, 或者 $p < \alpha$, 则拒绝原假设, 我们称 β_j 在 α 显著水平下是统计显著的, 或者统计显著异于零; 否则不拒绝原假设, 则称 β_j 在 α 显著水平下是统计不显著的.

在本例中, 我们主要感兴趣的解释变量是生师比, 并想检验它的系数是否为零. 首先, 我们必须估计出 $\hat{\beta}_1$ 的方差. 在 R 语言中, 所有系数估计量的方差估计值都存储在方差矩阵的对角线上. 方差矩阵可以用 vcov() 函数得到.

```
vcov.matrix<-vcov(multi1)
```

方差矩阵的对角线向量可以用 diag() 函数得到.

```
diag(vcov.matrix)
```

```
## (Intercept)         str      el_pct
##   54.927553    0.144612    0.001548
```

那么, $\hat{\beta}_0$、$\hat{\beta}_1$、$\hat{\beta}_2$ 的方差估计值分别约为

$$\hat{\sigma}^2_{\hat{\beta}_0} = 54.928$$
$$\hat{\sigma}^2_{\hat{\beta}_1} = 0.1446$$
$$\hat{\sigma}^2_{\hat{\beta}_2} = 0.0015$$

它们的标准误向量可以这样得到:

```
(se<-sqrt(diag(vcov(multi1))))
```

```
## (Intercept)         str      el_pct
##     7.41131     0.38028     0.03934
```

即 $\hat{\beta}_0$、$\hat{\beta}_1$、$\hat{\beta}_2$ 的标准误分别约为

$$\text{SE}(\hat{\beta}_0) = 7.411$$
$$\text{SE}(\hat{\beta}_1) = 0.380$$
$$\text{SE}(\hat{\beta}_2) = 0.039$$

那么, 生师比的 t 值为

$$t_1 = \frac{\hat{\beta}_1}{\text{SE}(\hat{\beta}_1)} \approx \frac{-1.10}{0.380} \approx -2.9$$

它对应的 p 值为

$$p\text{-value} = 2\Phi(-|t|) = 2\Phi(-2.9)$$

```
coef<-coefficients(multi1)
(t_1<-coef[2]/se[2])
```

```
##    str
## -2.896
```

```
(p_1<-2*pt(-2.9,multi1$df))
```

```
## [1] 0.003929
```

显然 p 值小于 0.01, 我们可以在 1% 的显著水平下拒绝原假设.

在 R 语言中, 我们使用 lmtest 包中的 coeftest() 函数来得到系数估计值及其标准差、t 值、p 值等.

```
library(lmtest)
coeftest(multi1)
```

```
##
## t test of coefficients:
##
##              Estimate Std. Error t value Pr(>|t|)
## (Intercept) 686.0322     7.4113    92.6   <2e-16 ***
## str          -1.1013     0.3803    -2.9    0.004 **
## el_pct       -0.6498     0.0393   -16.5   <2e-16 ***
## ---
## Signif. codes:
## 0 '***' 0.001 '**' 0.01 '*' 0.05 '.' 0.1 ' ' 1
```

当然, 我们也可以使用回归概要一次性得到所有单个系数检验的相关信息.

```
summary(multi1)
```

```
##
## Call:
## lm(formula=testscr~str+el_pct, data=caschool)
##
## Residuals:
##    Min     1Q Median    3Q   Max
## -48.84 -10.24  -0.31  9.82 43.46
##
## Coefficients:
##              Estimate Std. Error t value Pr(>|t|)
## (Intercept) 686.0322     7.4113    92.6   <2e-16 ***
## str          -1.1013     0.3803    -2.9    0.004 **
## el_pct       -0.6498     0.0393   -16.5   <2e-16 ***
## ---
## Signif. codes:
```

```
## 0 '***' 0.001 '**' 0.01 '*' 0.05 '.' 0.1 ' ' 1
##
## Residual standard error: 14.5 on 417 degrees of freedom
## Multiple R-squared:  0.426,  Adjusted R-squared: 0.424
## F-statistic:  155 on 2 and 417 DF,  p-value: <2e-16
```

下面介绍回归结果的报告.

在报告回归方程的时候, 经常将系数对应的标准误, 写在该系数的垂直下方.

$$\begin{gathered}\widehat{\text{testscr}} = \underset{(7.411)}{686.03} - \underset{(0.380)}{1.10}\ \text{str} - \underset{(0.039)}{0.65}\ \text{el\_pct}\\ n = 420, \quad \bar{R}^2 = 0.43, \quad \text{SER} = 14.46\end{gathered} \tag{3.5}$$

有人指出, 虽然生师比对平均成绩的影响是显著的, 但降低生师比只不过是教育投入中的一个方法而已, 我们也可以用其他的教育投入方式来提高平均成绩. 下面控制生均支出 (expn_stu) 不变, 来看看生师比对平均成绩的影响.

```
multi2<-lm(testscr~str+expn_stu+el_pct,
           data=caschool)
coeftest(multi2)
```

```
##
## t test of coefficients:
##
##              Estimate Std. Error t value Pr(>|t|)
## (Intercept) 649.57795   15.20572   42.72   <2e-16 ***
## str          -0.28640    0.48052   -0.60   0.5515
## expn_stu      0.00387    0.00141    2.74   0.0064 **
## el_pct       -0.65602    0.03911  -16.78   <2e-16 ***
## ---
## Signif. codes:
## 0 '***' 0.001 '**' 0.01 '*' 0.05 '.' 0.1 ' ' 1
```

在控制了生均支出之后, 可以发现生师比对平均成绩的影响程度大大减弱而且不显著了. 对这种情况的一个解释是, 学校对各种教育投入的量已经最优化了, 在边际上增加任何一种教育投入都不起作用.

到现在为止, 我们已经有了三个回归, 使用 stargazer 包中的 stargazer() 函数将它们报告在一张表内.

```
stargazer::stargazer(simple.reg,
                     multi1,
                     multi2,
                     type="text",
                     keep.stat=c("adj.rsq","n"),
```

```
                table.height=3)
##
## ===============================================
##                     Dependent variable:
##                -------------------------------
##                          testscr
##                   (1)        (2)        (3)
## -----------------------------------------------
## str           -2.280*** -1.101***    -0.286
##                (0.480)   (0.380)    (0.481)
##
## expn_stu                             0.004***
##                                     (0.001)
##
## el_pct                   -0.650*** -0.656***
##                           (0.039)   (0.039)
##
## Constant      698.900*** 686.000*** 649.600***
##                (9.467)   (7.411)    (15.210)
##
## -----------------------------------------------
## Observations    420        420        420
## Adjusted R2    0.049      0.424      0.433
## ===============================================
## Note:               *p<0.1; **p<0.05; ***p<0.01
##
## =
## 3
## -
```

3.3.2 联合假设检验

前面讲的是如何检验单个系数是否为零的假设. 本节介绍包含多个系数的联合假设检验.

理论上, 什么样的假设都有可能. 但常见的是两种: 第一种, 多个系数同时为零的假设; 第二种, 包含多个系数的单个线性假设. 当然, 还有非线性的假设, 如 $\beta_1\beta_2 = 2$, 本书不做介绍, 感兴趣的读者可以参看 Hayashi (2000) 或者 Wooldridge (2010) 的相关内容.

首先, 我们将原假设写成矩阵形式:

$$\boldsymbol{R\beta} = \boldsymbol{r}$$

设原假设有 q 个等式, $\boldsymbol{R}$ 为 $q\times(k+1)$ 的矩阵, $\boldsymbol{\beta}$ 为 $(k+1)\times 1$ 的系数向量, 而 $\boldsymbol{r}$ 为 $q\times 1$ 的向量.

举个例子, 设有 4 个系数, 而原假设有两个: $\beta_1+\beta_2=1$ 和 $\beta_3=0$, 那么原假设的矩阵形式为

$$\begin{bmatrix}0 & 1 & 1 & 0\\ 0 & 0 & 0 & 1\end{bmatrix}\begin{bmatrix}\beta_0\\ \beta_1\\ \beta_2\\ \beta_3\end{bmatrix}=\begin{bmatrix}1\\ 0\end{bmatrix}$$

由 Hayashi (2000) 的文献第 1 章可知, F 统计量计算如下:

$$F=(\boldsymbol{R}\hat{\boldsymbol{\beta}}-\boldsymbol{r})'[\boldsymbol{R}\hat{\boldsymbol{\Sigma}}_{\hat{\boldsymbol{\beta}}}\boldsymbol{R}']^{-1}(\boldsymbol{R}\hat{\boldsymbol{\beta}}-\boldsymbol{r})/q \tag{3.6}$$

其中, $\hat{\boldsymbol{\Sigma}}_{\hat{\boldsymbol{\beta}}}$ 是系数估计量方差矩阵的估计值.

在同方差的假设下, $\hat{\boldsymbol{\Sigma}}_{\hat{\boldsymbol{\beta}}}=(\boldsymbol{X}'\boldsymbol{X})^{-1}s^2$, 其中 s^2 为回归标准误的平方.

在同方差的假设下, 我们对式 (3.6) 有更方便的表达方式. 如果将原假设看成约束, 则称原回归方程为无约束方程 (unrestricted equation), 而将约束式代入原方程得到的回归方程为约束方程 (restricted equation). 这样 F 统计量可以写为

$$\begin{aligned}F&=\frac{(\mathrm{SSR}_{\text{restricted}}-\mathrm{SSR}_{\text{unrestricted}})/q}{(\mathrm{SSR}_{\text{unrestricted}})/(n-k_{\text{unrestricted}}-1)} \qquad (3.7)\\ &=\frac{(R^2_{\text{unrestricted}}-R^2_{\text{restricted}})/q}{(1-R^2_{\text{unrestricted}})/(n-k_{\text{unrestricted}}-1)} \qquad (3.8)\end{aligned}$$

在 3.3 节的假设 (1)~(5) 之下, 该 F 统计量服从 $\chi^2(n-k-1)$ 分布.

1. 多个系数同时为零的假设

我们先看检验多个系数是否同时为零的情形. 例如, 在控制了生均支出的多元回归模型中, 我们发现生师比对平均成绩的影响微弱且统计上不显著. 那么, 如果生师比与生均支出的系数同时为零, 就能得出一个更强的结论: 无论何种方式的教育投入, 都不能对平均成绩发生显著的影响.

也就是说, 在多元线性回归模型:

$$\text{testscy}=\beta_0+\beta_1\text{str}+\beta_2\text{expn\_stu}+\beta_3\text{el\_pct}+u$$

中, 我们想检验的原假设是

$$H_0:\beta_1=0 \quad \text{且} \quad \beta_2=0$$

备择假设是

$$H_0:\beta_1\neq 0 \quad \text{或} \quad \beta_2\neq 0$$

一般地, 联合假设检验中的原假设为

$$H_0 : \beta_1 = 0, \cdots, \beta_k = 0$$

备择假设为

$$H_1 : H_0 \text{ 中至少一个等式不成立}$$

约束的矩阵形式为

$$\begin{bmatrix} 0 & 1 & 0 & 0 \\ 0 & 0 & 1 & 0 \end{bmatrix} \begin{bmatrix} \beta_0 \\ \beta_1 \\ \beta_2 \\ \beta_3 \end{bmatrix} = \begin{bmatrix} 0 \\ 0 \end{bmatrix}$$

```
(multi2<-lm(testscr~str+expn_stu+el_pct,
                data=caschool))
```

```
##
## Call:
## lm(formula=testscr~str+expn_stu+el_pct, data=caschool)
##
## Coefficients:
## (Intercept)          str     expn_stu       el_pct
##   649.57795     -0.28640      0.00387     -0.65602
```

```
beta<-coef(multi2)
Sigma2.beta<-vcov(multi2)
R<-matrix(c(0,1,0,0,0,0,1,0),nrow=2,byrow=T)
r<-c(0,0)
q<-2
n<-nrow(caschool)
(F.statistic<-t(R%*%beta-r)%*%
    solve(R%*%Sigma2.beta%*%t(R))%*%(R%*%beta-r)/2)
```

```
##       [,1]
## [1,] 8.01
```

我们用第二种方式求 F 值.

```
restr<-lm(testscr~el_pct,data=caschool)
unrestr.ssr<-deviance(multi2)
restr.ssr<-deviance(restr)
(fratio<-((restr.ssr-unrestr.ssr)/2)/(unrestr.ssr/(n-5)))
```

```
## [1] 7.991
```

或者

```
restr.summ<-summary(lm(testscr~el_pct,data=caschool))
(restr.rsq<-restr.summ$r.squared)
```

```
## [1] 0.4149
```

```
multi2.summ<-summary(multi2)
(unrestr.rsq<-multi2.summ$r.squared)
```

```
## [1] 0.4366
```

```
(fratio<-((unrestr.rsq-restr.rsq)/2)/((1-unrestr.rsq)/(n-5)))
```

```
## [1] 7.991
```

由于 F 值小于显著水平为 0.05 的临界点:

```
(critical.point<-qchisq(0.95,n-5))
```

```
## [1] 463.5
```

我们不拒绝原假设.

上述检验还可以用 car 中的 linearHypothesis() 函数来完成.

```
library(car)
linearHypothesis(multi2, c("str=0", "expn_stu=0"))
```

```
## Linear hypothesis test
##
## Hypothesis:
## str=0
## expn_stu=0
##
## Model 1: restricted model
## Model 2: testscr~str+expn_stu+el_pct
##
##   Res.Df   RSS Df Sum of Sq    F  Pr(>F)
## 1    418 89000
## 2    416 85700  2      3300 8.01 0.00039 ***
## ---
## Signif. codes:
## 0 '***' 0.001 '**' 0.01 '*' 0.05 '.' 0.1 ' ' 1
```

原假设为所有斜率系数同时为零, 备择假设为至少一个斜率系数不为零.

```
car::linearHypothesis(multi2,
                  c("str=0", "expn_stu=0","el_pct=0"))
```

```
## Linear hypothesis test
##
## Hypothesis:
## str=0
## expn_stu=0
## el_pct=0
##
## Model 1: restricted model
## Model 2: testscr~str+expn_stu+el_pct
##
##   Res.Df    RSS Df Sum of Sq   F Pr(>F)
## 1    419 152110
## 2    416  85700  3     66410 107 <2e-16 ***
## ---
## Signif. codes:
## 0 '***' 0.001 '**' 0.01 '*' 0.05 '.' 0.1 ' ' 1
```

其实回归概要已经报告了整体回归 F 统计量. 我们截取其报告系数估计值及其假设检验的部分.

```
coef(summary(multi2))
```

```
##                Estimate Std. Error t value   Pr(>|t|)
## (Intercept) 649.577947  15.205719  42.719 3.299e-154
## str          -0.286399   0.480523  -0.596  5.515e-01
## expn_stu      0.003868   0.001412   2.739  6.426e-03
## el_pct       -0.656023   0.039106 -16.776  1.295e-48
```

2. 包含多个系数的线性假设

还有一种常见的假设是关于多个系数的线性关系的描述. 我们以 Hayashi (2000) 的文献中 1.7 节为例, 设电力公司的生产函数为

$$Q = AL^{\alpha_1}K^{\alpha_2}F^{\alpha_3}$$

其中, Q 为发电量; A 为生产技术; L 为劳动投入量; K 为资本投入量; F 为燃料投入.

设劳动的价格为 PL, 资本的价格为 PK, 而燃料的价格为 PF, 由 Hayashi (2000) 的文献中的式 (1.7.4) 和式 (1.7.5) 可知, 该生产函数的规模回报程度不变, 当且仅当回归方程:

$$\ln(\mathrm{TC}_i) = \beta_0 + \beta_1 \ln(Q_i) + \beta_2 \ln(\mathrm{PL}_i) + \beta_3 \ln(\mathrm{PK}_i) + \beta_4 \ln(\mathrm{PF}_i) + \varepsilon_i \tag{3.9}$$

中的系数 β_2、β_3、β_4 满足:

$$\beta_2 + \beta_3 + \beta_4 = 1$$

那么, 假设检验的原假设为 $\beta_2+\beta_3+\beta_4=1$, 而备择假设为 $\beta_2+\beta_3+\beta_4\neq 1$.

一般地, 包含多个系数的线性假设检验中的原假设为

$$H_0:\beta_1+\gamma_2\beta_2+\cdots+\gamma_k\beta_k=a$$

备择假设为

$$H_1:\beta_1+\gamma_2\beta_2+\cdots+\gamma_k\beta_k\neq a$$

回到前面的例子. 如果原假设成立, 则式 (3.9) 两边减去 $\ln(\mathrm{PF}_i)$, 得到

$$\ln\left(\frac{\mathrm{TC}_i}{\mathrm{PF}_i}\right)=\beta_0+\beta_1\ln(Q_i)+\beta_2\ln\left(\frac{\mathrm{PL}_i}{\mathrm{PF}_i}\right)+\beta_3\ln\left(\frac{\mathrm{PK}_i}{\mathrm{PF}_i}\right)+\varepsilon_i \tag{3.10}$$

式 (3.10) 为约束方程, 而式 (3.9) 为无约束方程.

```
nerlove<-read.csv('nerlove.csv',header=T)
names(nerlove)
```

```
## [1] "TC" "Q"  "PL" "PF" "PK"
```

```
attach(nerlove)
n<-nrow(nerlove)
unrestr<-lm(log(TC)~log(Q)+log(PL)+log(PK)+log(PF),data=nerlove)
restr<-lm(log(TC/PK)~log(Q)+log(PL/PF)+log(PK/PF),data=nerlove)
(unrestr.ssr<-deviance(unrestr))
```

```
## [1] 21.54
```

```
(restr.ssr<-deviance(restr))
```

```
## [1] 21.62
```

```
(fratio<-((restr.ssr-unrestr.ssr)/1)/(unrestr.ssr/(n-5)))
```

```
## [1] 0.4843
```

```
(critical.point<-qf(0.95,1,140))
```

```
## [1] 3.909
```

```
detach(nerlove)
```

下面用 linearHypothesis() 函数来完成该检验.

```
car::linearHypothesis(unrestr,c("log(PL)+log(PK)+log(PF)=1"))
```

```
## Linear hypothesis test
##
## Hypothesis:
```

```
## log(PL)+log(PK)+log(PF)=1
##
## Model 1: restricted model
## Model 2: log(TC)~log(Q)+log(PL)+log(PK)+log(PF)
##
##   Res.Df  RSS Df Sum of Sq    F Pr(>F)
## 1     141 21.6
## 2     140 21.5  1    0.0745 0.48   0.49
```

因为 F 值小于 0.05 显著水平下的分位点 $F_{0.95}(1,140)=3.909$, 所以不拒绝原假设, 即认为该生产函数的规模回报程度不变.

3.3.3　置信区间

1. 单个系数的置信区间

根据式 (3.4), 我们得到系数 β_j 的置信水平为 $1-\alpha$ 的置信区间为

$$\left(\hat{\beta}_j-t_{\alpha/2}(n-1)\frac{\mathrm{SE}(\hat{\beta}_j)}{\sqrt{n}},\hat{\beta}_j+t_{\alpha/2}(n-1)\frac{\mathrm{SE}(\hat{\beta}_j)}{\sqrt{n}}\right)$$

```
conf.interval<-c(coef(multi1)[2]-qt(0.975,n-3)*se[2],
                 coef(multi1)[2]+qt(0.975,n-3)*se[2])
names(conf.interval)<-c("lower.bound", "upper.bound")
conf.interval
```

```
## lower.bound upper.bound
##     -1.8530     -0.3496
```

R 语言中有一个用来得到置信区间的内置命令 confint( ).

```
confint(multi1, level=0.95)
```

```
##                2.5 %   97.5 %
## (Intercept) 671.4641 700.6004
## str          -1.8488  -0.3538
## el_pct       -0.7271  -0.5724
```

2. 多个系数的置信集合

我们考虑两个系数的时候, 置信集合是一个椭圆, 如图 3.4 所示.

```
library(ellipse)
plot(ellipse(multi2,
             which=c("str", "expn_stu"),
             level=0.95),
   type="l",
```

```
    main="95% confidence set for
    multiple coefficients on str and expn_stu")
points(unrestr$coefficients["str"],
      unrestr$coefficients["expn_stu"],
      pch=3)
```

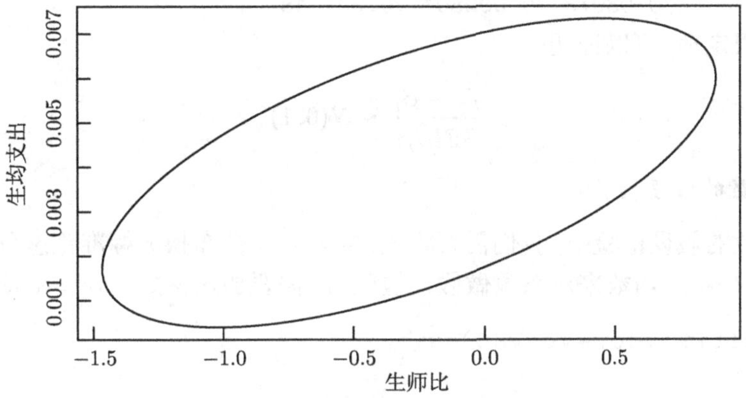

图 3.4 两个系数的 0.95 置信集合

3.3.4 大样本统计推断

我们将 3.3 节的 5 个假设修改为如下 4 个假设.

(1) 外生性假设, 即

$$E(u_i \mid X_{1i}, \cdots, X_{ki}) = 0$$

(2) 无多重共线性假设, 即没有一个解释变量是其他解释变量的线性组合.

(3) 独立同分布假设, 即 $(X_{1i}, \cdots, X_{ki}; Y_i)$ 是独立同分布的.

(4) 技术性假设, 不存在大的奇异点, 即对任意 $m = 1, 2, \cdots, k$, 有 $0 < E(X_{im}^4) < \infty$ 且 $0 < E(Y_i^4) < \infty$.

这里去掉了同方差假设、无序列相关假设、正态分布假设, 增加了独立同分布假设和一个技术性假设. 对横截面数据来说, 独立同分布假设是成立的.

当样本容量 n 趋近于无穷大时, White (1980) 给出了一个系数估计量方差矩阵的估计量, 该方差矩阵称为异方差稳健 (robust) 方差矩阵, 可以用 sandwich 包中的 vcovHC() 函数得到:

```
library(sandwich)
vcovHC(multi1)
```

```
##              (Intercept)        str      el_pct
## (Intercept)     77.65559 -3.8303760 -0.0133556
## str             -3.83038  0.1910268 -0.0003288
## el_pct          -0.01336 -0.0003288  0.0009795
```

与经典方差矩阵对比:

```
vcov(multi1)
```

```
##              (Intercept)       str    el_pct
## (Intercept)     54.92755 -2.795967  0.030731
## str             -2.79597  0.144612 -0.002807
## el_pct           0.03073 -0.002807  0.001548
```

由中心极限定理, 可以证明:

$$\frac{\hat{\beta}_j - \beta_j}{\mathrm{SE}(\hat{\beta}_j)} \sim N(0,1) \tag{3.11}$$

1. **单个系数的假设检验**

在单个系数的假设检验中, 我们需要将 $t(n-k-1)$ 分布换成标准正态分布 $N(0,1)$. 在使用 coeftest() 函数来对系数做假设检验时, 需要加入参数 vcov=vcovHC.

```
coeftest(multi1,vcov=vcovHC)
```

```
##
## t test of coefficients:
##
##             Estimate Std. Error t value Pr(>|t|)
## (Intercept) 686.0322     8.8122   77.85   <2e-16 ***
## str          -1.1013     0.4371   -2.52    0.012 *
## el_pct       -0.6498     0.0313  -20.76   <2e-16 ***
## ---
## Signif. codes:
## 0 '***' 0.001 '**' 0.01 '*' 0.05 '.' 0.1 ' ' 1
```

与经典假设检验对比:

```
coeftest(multi1)
```

```
##
## t test of coefficients:
##
##             Estimate Std. Error t value Pr(>|t|)
## (Intercept) 686.0322     7.4113    92.6   <2e-16 ***
## str          -1.1013     0.3803    -2.9    0.004 **
## el_pct       -0.6498     0.0393   -16.5   <2e-16 ***
## ---
## Signif. codes:
## 0 '***' 0.001 '**' 0.01 '*' 0.05 '.' 0.1 ' ' 1
```

当计算置信区间时, 也需要考虑到系数标准误和分位点都发生了变化. 此处不再赘述.

2. 联合假设检验

当去掉了同方差的假设之后，在做联合假设检验时，F 统计量不能再按照式 (3.7) 和式 (3.8) 来计算. 我们用异方差稳健方差矩阵来代替式 (3.6) 的 $\hat{\Sigma}_{\hat{\beta}}$ 部分. 这样的 F 值在样本容量趋近于无穷大时渐进服从 $F_{q,\infty}$ 分布.

如果用 linearHypothesis() 函数做联合假设检验，也需要加参数 vcov=vcovHC.

```
linearHypothesis(multi2,
                 c("str=0", "expn_stu=0"),
                 vcov=vcovHC)
```

```
## Linear hypothesis test
##
## Hypothesis:
## str=0
## expn_stu=0
##
## Model 1: restricted model
## Model 2: testscr~str+expn_stu+el_pct
##
## Note: Coefficient covariance matrix supplied.
##
##   Res.Df Df    F Pr(>F)
## 1    418
## 2    416  2 5.26 0.0055 **
## ---
## Signif. codes:
## 0 '***' 0.001 '**' 0.01 '*' 0.05 '.' 0.1 ' ' 1
```

3.4 含非线性变量的线性回归模型

3.4.1 多项式回归模型

有时候我们想研究地区平均收入 (avginc) 对该地区学生平均成绩的影响. 一般认为，平均收入的影响可能并非线性的，很可能是边际递减的. 为了允许这种可能性，我们加入了平均收入的二次方.

```
quadr.reg<-lm(testscr~avginc+I(avginc^2),data=caschool)
coeftest(quadr.reg,vocv=vcovHC)
```

```
##
```

```
## t test of coefficients:
##
##              Estimate Std. Error t value Pr(>|t|)
## (Intercept) 607.30174    3.04622  199.36  < 2e-16 ***
## avginc        3.85099    0.30426   12.66  < 2e-16 ***
## I(avginc^2)  -0.04231    0.00626   -6.76  4.7e-11 ***
## ---
## Signif. codes:
## 0 '***' 0.001 '**' 0.01 '*' 0.05 '.' 0.1 ' ' 1
```

这里用图 3.5 来展示平均收入与平均成绩的非线性关系, 并与线性模型对比.

```
plot(caschool$avginc,caschool$testscr,
     pch=20,
     main="Linear and Quadratic Regression Model")
linear.reg<-lm(testscr~avginc,data=caschool)
abline(linear.reg)
coef<-coef(quadr.reg)
curve(coef[1]+coef[2]*x+coef[3]*x^2,
      add=T,
      col="steelblue",
      lwd=2)
```

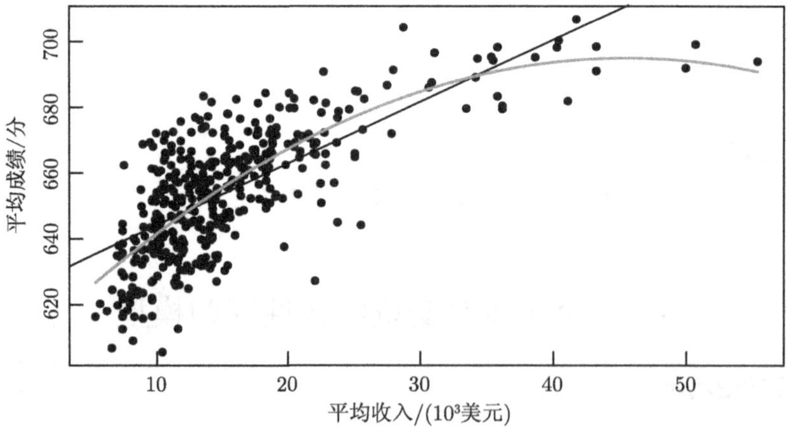

图 3.5　二次回归模型

因为二次项的系数是统计显著的, 所以认为地区平均收入对学生平均成绩的影响是非线性的. 地区平均收入对学生平均成绩有正向的影响, 但是, 随着平均收入的提高, 平均成绩增加的幅度越来越低.

上面的模型还可以扩展到高阶多项式, 如三阶多项式模型. 为了增强结果的可读性, 我们简化了变量名.

```
cubic.reg<-lm(testscr~poly(avginc,degree=3,raw=T),
              data=caschool)
names(cubic.reg$coefficients)<-c("Intercept",
                                  "poly1","poly2","poly3")
coeftest(cubic.reg,vcov=vcovHC)
```

```
##
## t test of coefficients:
##
##            Estimate Std. Error t value Pr(>|t|)
## Intercept  6.00e+02   5.46e+00  109.86  < 2e-16 ***
## poly1      5.02e+00   7.87e-01    6.37  4.9e-10 ***
## poly2     -9.58e-02   3.41e-02   -2.81   0.0051 **
## poly3      6.85e-04   4.37e-04    1.57   0.1174
## ---
## Signif. codes:
## 0 '***' 0.001 '**' 0.01 '*' 0.05 '.' 0.1 ' ' 1
```

容易看到, 二次项系数是统计显著的, 三次项系数是统计不显著的, 这说明二阶多项式模型优于三阶多项式模型.

下面进行二次项和三次项的联合假设检验.

```
R<-rbind(c(0, 0, 1, 0),
         c(0, 0, 0, 1))
linearHypothesis(cubic.reg,
                 hypothesis.matrix=R,
                 vcov=vcovHC)
```

```
## Linear hypothesis test
##
## Hypothesis:
## poly2=0
## poly3=0
##
## Model 1: restricted model
## Model 2: testscr~poly(avginc, degree=3, raw=T)
##
## Note: Coefficient covariance matrix supplied.
##
##   Res.Df Df    F  Pr(>F)
## 1    418
```

```
## 2    416  2 29.7 8.9e-13 ***
## ---
## Signif. codes:
## 0 '***' 0.001 '**' 0.01 '*' 0.05 '.' 0.1 ' ' 1
```

该检验在显著水平 0.01 之下拒绝原假设. 因此, 我们认为非线性模型优于线性模型.

3.4.2 对数化变量回归模型

1. *解释变量为对数形式*

在研究地区平均收入对学生平均成绩的影响时, 如果要得到地区平均收入每增加 1% 对学生平均成绩的影响, 此时需要将地区平均收入取对数形式.

因为解释变量为对数形式, 而被解释变量为线性形式, 所以此模型称为线性–对数回归模型. 回归方程为

$$\text{testscr} = \beta_0 + \beta_1 \ln(\text{avginc}) + u_i, \quad i = 1, 2, \cdots, n$$

那么:

$$\beta_1 = \frac{E(\text{testscr} \mid \text{avginc} + \Delta\text{avginc}) - E(\text{testscr} \mid \text{avginc})}{\Delta\text{avginc}/\text{avginc}}$$

即解释变量 avginc 增加 1%, 则被解释变量 testscr 平均变化多少.

```
caschool$lavginc<-log(caschool$avginc)
linear.log<-lm(testscr~lavginc,data=caschool)
coeftest(linear.log,vcov=vcovHC)
```

```
##
## t test of coefficients:
##
##             Estimate Std. Error t value Pr(>|t|)
## (Intercept)   557.83       3.86   144.4   <2e-16 ***
## lavginc        36.42       1.41    25.9   <2e-16 ***
## ---
## Signif. codes:
## 0 '***' 0.001 '**' 0.01 '*' 0.05 '.' 0.1 ' ' 1
```

图 3.6 揭示了线性–对数回归模型中两个变量的非线性关系.

```
plot(caschool$avginc,caschool$testscr,
     xlab="Average Income",
     ylab="Average Test Score",
     pch=20)
curve(coef(linear.log)[1]+coef(linear.log)[2]*log(x),
      add=T,
```

```
    col="steelblue",
    lwd=2)
```

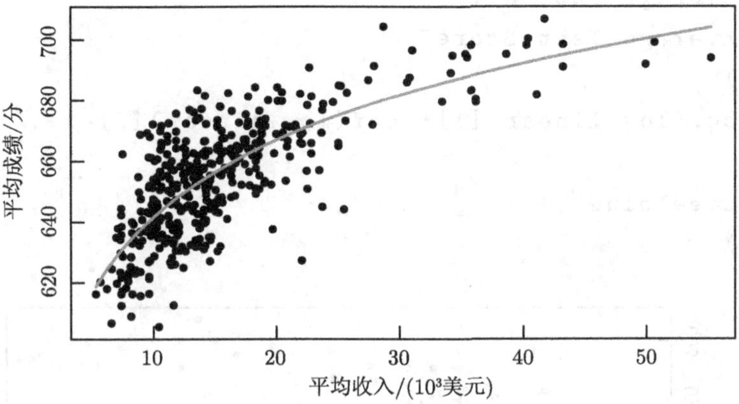

图 3.6 线性-对数回归模型

2. 被解释变量为对数形式

如果要得到地区平均收入每增加 1 单位时学生平均成绩增加百分之几, 则需要将学生平均成绩取对数形式.

因为被解释变量为对数形式, 而解释变量为线性形式, 所以此模型称为对数-线性回归模型. 回归方程为

$$\ln(\text{testscr}) = \beta_0 + \beta_1 \text{avginc} + u_i, \quad i = 1, 2, \cdots, n$$

那么:

$$\beta_1 = \frac{(E(\text{testscr} \mid \text{avginc} + \Delta\text{avginc}) - E(\text{testscr} \mid \text{avginc}))/\text{testscr}}{\Delta\text{avginc}}$$

即解释变量 avginc 增加 1 单位, 被解释变量 testscr 平均变化率为多少.

```
caschool$ltestscr<-log(caschool$testscr)
log.linear<-lm(ltestscr~avginc,data=caschool)
coeftest(log.linear,vcov=vcovHC)
```

```
##
## t test of coefficients:
##
##             Estimate Std. Error t value Pr(>|t|)
## (Intercept) 6.439362   0.002987  2155.4   <2e-16 ***
## avginc      0.002844   0.000183    15.5   <2e-16 ***
## ---
## Signif. codes:
## 0 '***' 0.001 '**' 0.01 '*' 0.05 '.' 0.1 ' ' 1
```

图 3.7 揭示了对数-线性回归模型中两个变量的非线性关系.

```
plot(caschool$avginc, caschool$testscr,
    xlab="Average Income",
    ylab="Average Test Score",
    pch=20)
curve(exp(coef(log.linear)[1]+coef(log.linear)[2]*x),
     add=T,
     col="steelblue",
     lwd=2)
```

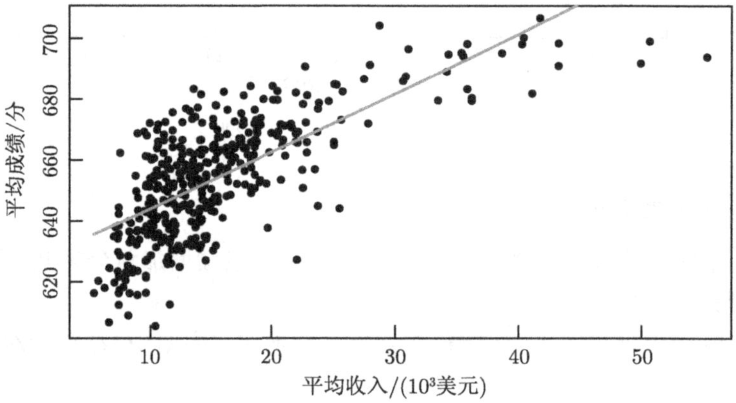

图 3.7　对数-线性回归模型

3. 解释变量与被解释变量均为对数形式

如果要得到地区平均收入每增加 1% 时学生平均成绩增加百分之几, 则需要将地区平均收入与学生平均成绩都取对数形式.

因为被解释变量与解释变量都为对数形式, 所以此模型称为对数-对数回归模型. 回归方程为

$$\ln(\text{testscr}) = \beta_0 + \beta_1 \ln(\text{avginc}) + u_i, \quad i = 1, 2, \cdots, n$$

那么:

$$\beta_1 = \frac{(E(\text{testscr} \mid \text{avginc} + \Delta\text{avginc}) - E(\text{testscr} \mid \text{avginc}))/\text{testscr}}{\Delta\text{avginc}/\text{avginc}}$$

即解释变量 avginc 增加 1%, 被解释变量 testscr 平均变化率为多少.

```
log.log<-lm(ltestscr~lavginc,data=caschool)
coeftest(log.log,vcov=vcovHC)
```

```
##
## t test of coefficients:
```

```
##
##              Estimate Std. Error t value Pr(>|t|)
## (Intercept)  6.33635    0.00596  1063.4   <2e-16 ***
## lavginc      0.05542    0.00216    25.7   <2e-16 ***
## ---
## Signif. codes:
## 0 '***' 0.001 '**' 0.01 '*' 0.05 '.' 0.1 ' ' 1
```

图 3.8 揭示了对数-对数回归模型中两个变量的非线性关系.

```
plot(caschool$avginc,caschool$testscr,
     xlab="Average Income",
     ylab="Average Test Score",
     pch=20)
curve(exp(coef(log.log)[1]+coef(log.log)[2]*log(x)),
      add=T,
      col="steelblue",
      lwd=2)
```

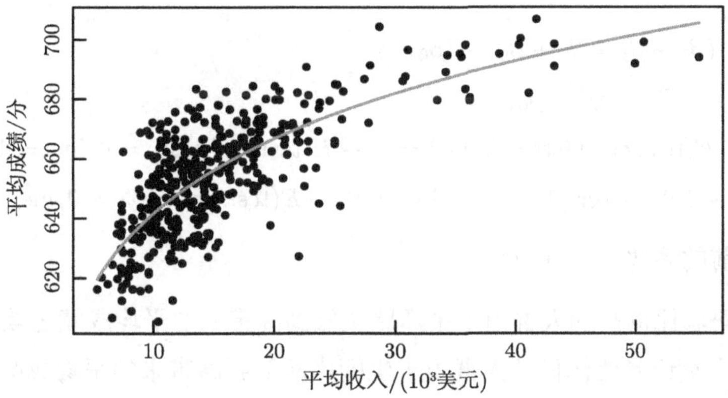

图 3.8 对数-对数回归模型

3.4.3 含交互项的回归模型

在经验研究中, 经常要用到两个解释变量的交互项, 即它们的乘积.

1. *两个虚拟变量的交互项*

为了理解交互项的意义, 我们先看最简单的情形: 两个虚拟变量的交互项. 在这种情形下, 生师比只有高和低两个取值, 大于等于 20 为高, 小于 20 为低; 学英语者比例也只有高和低两个取值, 大于等于 10% 为高, 小于 10% 为低.

回归方程为

$$\text{testscr} = \beta_0 + \beta_1 \text{histr} + \beta_2 \text{hiel} + \beta_3 \text{histr} \cdot \text{hiel} + u_i \tag{3.12}$$

```
caschool$histr <- with(caschool,ifelse(str>=20,1,0))
caschool$hiel <- with(caschool,ifelse(el_pct>=10,1,0))
inter1<-lm(testscr~histr+hiel+histr:hiel,
               data=caschool)
coeftest(inter1,vcov=vcovHC)

##
## t test of coefficients:
##
##              Estimate Std. Error t value Pr(>|t|)
## (Intercept)    664.14       1.39  477.53  < 2e-16 ***
## histr           -1.91       1.94   -0.98     0.33
## hiel           -18.16       2.36   -7.70  9.7e-14 ***
## histr:hiel      -3.49       3.14   -1.11     0.27
## ---
## Signif. codes:
## 0 '***' 0.001 '**' 0.01 '*' 0.05 '.' 0.1 ' ' 1
```

因为:

$$\begin{aligned}\beta_3 &= ((\beta_0+\beta_1+\beta_2+\beta_3)-(\beta_0+\beta_1)) \\ &\quad -((\beta_0+\beta_2)-\beta_0) \\ &= (E(\text{testscr} \mid \text{histr}=1,\text{hiel}=1)-E(\text{testscr} \mid \text{histr}=0,\text{hiel}=1)) \\ &\quad -(E(\text{testscr} \mid \text{histr}=1,\text{hiel}=0)-E(\text{testscr} \mid \text{histr}=0,\text{hiel}=0))\end{aligned}$$

所以, 交互项之前的系数 -3.49 可以解释为

学英语者比例高的人群由于生师比从低到高带来的平均成绩之差

$-$ 学英语者比例低的人群由于生师比从低到高带来的平均成绩之差

注意, 在 R 语言中, 交互项用 “:” 符号连接两个解释变量 X_1 和 X_2. 如果代之以星号 “*”, 则表示这两个解释变量的以下三项组合: X_1、X_2、X_1X_2. 因此, 它恰好可以实现回归方程式 (3.13).

```
lm(testscr~histr*hiel,data=caschool)

##
## Call:
## lm(formula=testscr~histr*hiel, data=caschool)
##
## Coefficients:
## (Intercept)        histr         hiel   histr:hiel
##      664.14        -1.91       -18.16        -3.49
```

2. 包含一个虚拟变量的交互项

有时候交互项中的两个解释变量只有一个是虚拟变量, 而另一个是连续变量. 例如, 考虑将学英语者比例分得更为粗糙, 只有低和高两个值. 回归方程为

$$\text{testscr} = \beta_0 + \beta_1\text{str} + \beta_2\text{hiel} + \beta_3\text{str}\cdot\text{hiel} + u \tag{3.13}$$

```
inter2<-lm(testscr~str+hiel+str:hiel,
                    data=caschool)
coeftest(inter2,vcov=vcovHC)
```

```
##
## t test of coefficients:
##
##             Estimate Std. Error t value Pr(>|t|)
## (Intercept)  682.246     12.071   56.52   <2e-16 ***
## str           -0.968      0.599   -1.62     0.11
## hiel           5.639     19.889    0.28     0.78
## str:hiel      -1.277      0.986   -1.30     0.20
## ---
## Signif. codes:
## 0 '***' 0.001 '**' 0.01 '*' 0.05 '.' 0.1 ' ' 1
```

显然:

$$\beta_3 = \left(\frac{\partial E(\text{testscr}\mid\text{str},\text{hiel}=1)}{\partial\text{str}}\right) - \left(\frac{\partial E(\text{testscr}\mid\text{str},\text{hiel}=0)}{\partial\text{str}}\right)$$

就是说, 由于学英语者比例从低到高, 生师比对平均成绩的边际影响 (即生师比每增加 1, 平均成绩增加了多少) 下降了 -1.277.

3. 一般的交互项

有时候也要用到两个连续解释变量的交互项:

$$\text{testscr} = \beta_0 + \beta_1\text{str} + \beta_2\text{el\_pct} + \beta_3\text{str}\cdot\text{el\_pct} + u$$

那么:

$$\beta_3 = \frac{\partial^2 E(\text{testscr}\mid\text{str},\text{el\_pct})}{\partial\text{str}\partial\text{el\_pct}}$$

```
inter3<-lm(testscr~str+el_pct+str*el_pct,
                    data=caschool)
coeftest(inter3,vcov=vcovHC)
```

```
##
## t test of coefficients:
##
##               Estimate Std. Error t value Pr(>|t|)
## (Intercept) 686.33852   11.93785   57.49   <2e-16 ***
## str          -1.11702    0.59652   -1.87    0.062 .
## el_pct       -0.67291    0.38654   -1.74    0.082 .
## str:el_pct    0.00116    0.01916    0.06    0.952
## ---
## Signif. codes:
## 0 '***' 0.001 '**' 0.01 '*' 0.05 '.' 0.1 ' ' 1
```

这就是说, 生师比和学英语者比例对平均成绩的交互效应为 0.001 16.

3.5 随 机 模 拟

3.5.1 蒙特卡罗试验

本节的内容来自 Hayashi (2000) 的文献中第 1 章的习题. 对于一个满足 Gauss-Markov 假设的简单线性回归模型:

$$Y_i = \beta_0 + \beta_1 X_i + u_i, \quad E(u_i|X_i) = 0, \quad \mathrm{var}(u_i|X_i) = \sigma^2, \quad i = 1, 2, \cdots, n$$

其中, $\beta_0 = 1, \beta_1 = 0.5, \sigma^2 = 1$ 且 $n = 32$. 我们将 X_i 设定为一个一阶自回归过程. 关于自回归模型, 请参看本书第 4 章.

$$X_i = c + \phi X_{i-1} + \eta_i, \quad i = 1, 2, \cdots, n$$

其中, 该过程的误差项 η_i 是独立的, 且都服从标准正态分布. 而且:

$$X_0 \sim N\left(\frac{c}{1-\phi}, \frac{1}{1-\phi^2}\right), \quad c = 2, \phi = 0.6$$

我们先模拟出解释变量 X 的向量.

```
set.seed(123)
n<-32
c<-2
phi<-0.6
x0<-rnorm(1,c/(1-phi),1/(1-phi^2))
x<-rep(1,n)
x[1]<-c+phi*x0+rnorm(1,c/(1-phi),1/(1-phi^2))
for (i in 2: n) {
    x[i]<-c+phi*x[i-1]+rnorm(1,c/(1-phi),1/(1-phi^2))
}
x
```

```
##  [1]  9.115 14.904 16.053 16.834 19.780 19.588 16.776
##  [8] 15.993 15.899 18.452 18.633 18.806 18.457 17.206
## [15] 20.115 19.847 15.835 17.597 16.820 15.423 15.913
## [22] 14.945 14.828 14.920 13.317 16.299 17.019 15.433
## [29] 18.219 18.598 17.698 19.017
```

我们固定上面得到的解释变量 X, 以随机生成误差项, 设定系数为 $(1, 0.5)$, 这样就可以得到被解释变量 Y, 然后用 Y 对 X 进行回归, 将回归得到的系数估计值保存起来. 这样重复多次, 如 10 000 次, 求得系数的平均值, 与原设定系数对比. 另外, 我们选择显著水平为 0.05, 每一次回归时, 都对斜率系数做假设检验, 用计数变量 counter 计算所有被拒绝的次数.

```
set.seed(1234)
replics<-10000
counter<-0
beta1<-1
beta2<-0.5
b1<-rep(0,replics)
b2<-rep(0,replics)
sigma<-1
beta2bar<-0.5
critical<-qt(0.025,n-2,lower.tail=F)
for (i in 1:replics){
  y<-beta1+beta2*x+rnorm(n,0,sigma)
  mydata<-data.frame(ys=y,xs=x)
  ols<-lm(y~x,data=mydata)
  b1[i]<-ols$coef[1]
  b2[i]<-ols$coef[2]
  tsim<-(b2[i]-beta2bar)/vcov(ols)[2,2]
 counter<-counter+(abs(tsim)>critical)
}
b1mean<-mean(b1)
b2mean<-mean(b2)
cat("截距系数的均值=",b1mean,"\n")
```

```
## 截距系数的均值=1.002
```

```
cat("斜率系数的均值=",b2mean,"\n")
```

```
## 斜率系数的均值=0.5001
```

```
cat("显著水平为0.05下斜率系数显著异于零的比例是", counter/replics)
```

```
## 显著水平为0.05下斜率系数显著异于零的比例是 0.8679
```

3.5.2　自助法

在样本容量较小时, 我们对该数据重复有放回抽样, 以得到更多的样本, 这种方法称为自助法 (bootstrapping). 下面用自助法求得对单个系数双侧检验时的 p 值.

首先, 进行多元线性回归 multi1, 保存其 t 值, 为 2.52.

```
library(foreign);library(sandwich)
caschool<-read.dta("caschool.dta")
reg<-lm(testscr~str+el_pct,data=caschool)
(t<-abs(coef(reg)[2]/sqrt(vcovHC(reg)[2,2])))
```

```
##  str
## 2.52
```

其次, 保存其残差向量及被解释变量的平均值.

```
uhat<-resid(reg)
ybar<-mean(caschool$testscr)
```

再次, 将残差向量打乱, 再加到被解释变量的平均值上, 以得到新的被解释变量, 重新对解释变量进行回归, 得到 t 值. 如果该 t 值大于当前 t 值. 这个过程重复多次, 如本例的 10 000 次. 保存每次回归中的 t 绝对值, 并用 tcount 存储它大于原始 t 绝对值 2.52 的次数.

```
replics<-10000
counter<-0
ysim<-c()
for (i in 1:replics) {
  ysim<-ybar+sample(uhat,size=length(uhat),replace=T)
  regsim<-lm(ysim~caschool$str+caschool$el_pct)
  tsim<-abs(coef(regsim)[2]/sqrt(vcovHC(regsim)[2,2]))
  counter<-counter+(tsim>t)
}
```

最后, 得到所有回归中 t 绝对值超出 2.52 的比例, 这就是我们用自助法得到的 p 值.

```
cat("t绝对值超出2.52的比例是", counter/replics)
```

```
## t绝对值超出2.52的比例是 0.0116
```

第 4 章　时间序列模型

时间序列模型的功能分为两种. 一种是根据过去和现在的数据预测未来的数据, 另一种是与第 3 章相同, 想得到某变量对另一变量的 (动态) 因果关系. 我们将前一种称为预测模型, 后一种称为动态因果性模型.

本章的结构和例子都来自 Stock 和 Watson (2012) 的文献中的第四部分.

4.1　预 测 模 型

本节根据 Stock 和 Watson (2012) 文献中的美国宏观经济数据, 来实现几种常用的预测模型.

我们先导入该数据.

```
us_macro_quarterly<-read.csv("us_macro_quarterly.csv")
```

提取出季度消费物价指数 (consumer price index, CPI) 的时间序列数据.

```
CPI<-us_macro_quarterly$CPIAUCSL
```

用 ts() 函数将该时间序列转化为 ts 格式. 而且, 后面的参数说明这是一个开始于 1957 年第一季度的季度数据.

```
cpi<-ts(CPI, start=c(1957, 1), freq=4)
```

将季度 CPI 转化为年通胀率:

```
infl<-400*diff(log(cpi))
```

将该时间序列用 diff() 函数取差分形式:

```
dinfl<-diff(infl)
```

与 Stock 和 Watson (2012) 的研究工作一致, 我们截取 1962~2004 年的数据. 这个需要用 window() 函数实现.

```
Infl<-window(infl,
          start=c(1962, 1),
          end=c(2004, 4))
DifInfl<-window(dinfl,
          start=c(1962, 1),
          end=c(2004, 4))
```

为了给出一个直观的认识, 我们先画出这两个时间序列的走势图, 如图 4.1 所示.

```
plot(Infl,lwd=2,
     xlab="", ylab="Percent per annum")
lines(DifInfl,lwd=1,col="deepskyblue")
abline(h=0)
legend("topright",legend=
      c("Infl", "DifInfl"),
      col=c("black", "steelblue"),
      lty=c(1,1),lwd=c(2,1))
```

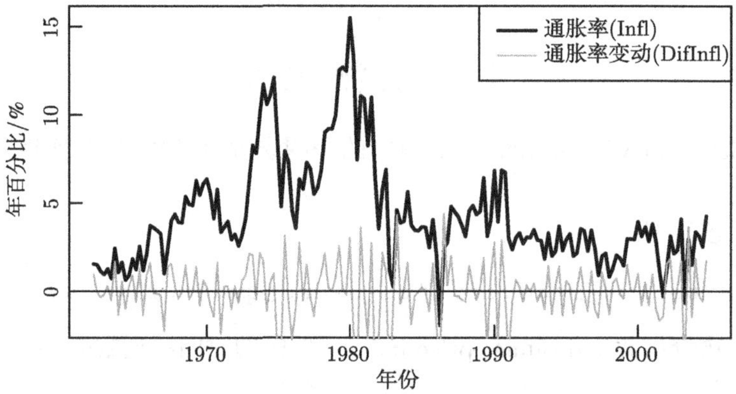

图 4.1　美国通胀率及其一阶差分走势图

4.1.1　自回归模型

最为常见的预测模型是自回归 (autoregressive, AR) 模型, 而这其中最简单的就是一阶自回归模型, 简称为 AR(1).

$$Y_t = \beta_0 + \beta_1 Y_{t-1} + u_t \tag{4.1}$$

我们使用 ar.ols() 函数来实现 AR(1).

```
ar.ols(DifInfl,
       order.max=1,
       demean=F,
       intercept=T)
```

```
##
## Call:
## ar.ols(x=DifInfl, order.max=1, demean=F, intercept=T)
##
## Coefficients:
##       1
## -0.255
```

```
##
## Intercept: 0.0188 (0.126)
##
## Order selected 1  sigma^2 estimated as  2.73
```

其中, 参数 order.max 给出最大自回归阶数, intercept 是指是否要一个截距项, demean 是该变量 (包括其滞后项) 是否需要中心化 (即减去均值).

我们也可以使用 lm() 函数来实现一阶自回归模型. 因为一个时间序列数据每滞后一期, 样本量就减少 1, 所以需要将 Y_t 的样本量截取到和 Y_{t-1} 的样本量一致.

```
N<-length(DifInfl)
DifInfl_level<-as.numeric(DifInfl[-1])
DifInfl_lags<-as.numeric(DifInfl[-N])
(ar1<-lm(DifInfl_level~DifInfl_lags))
```

```
##
## Call:
## lm(formula=DifInfl_level~DifInfl_lags)
##
## Coefficients:
##  (Intercept)  DifInfl_lags
##       0.0188       -0.2552
```

接下来假设我们现在处在 2005 年初, 已知 2004 年第四季度及之前的数据, 来预测 2005 年第一季度的通胀率.

$$\begin{aligned}\widehat{\text{Infl}_{T+1|T}} &= \text{Infl}_T + \widehat{\text{DifInfl}_{T+1|T}} \\ &= \text{Infl}_T + \hat{\beta}_0 + \hat{\beta}_1 \text{DifInfl}_T\end{aligned}$$

```
Infl2004_4<-as.numeric(window(infl,
                       start=c(2004,4),
                       end=c(2004,4)))
DifInfl2004_4<-as.numeric(window(dinfl,
                          start=c(2004,4),
                          end=c(2004,4)))
(Fore_Infl2005_1<-Infl2004_4+
    coef(ar1)[1]+coef(ar1)[2]*DifInfl2004_4)
```

```
## (Intercept)
##        3.85
```

预测误差为

```
Infl2005_1<-as.numeric(window(infl,
```

```
                                start=c(2005,1),
                                end=c(2005,1)))
Infl2005_1-Fore_Infl2005_1
```

```
## (Intercept)
##      -1.835
```

更为一般的自回归模型允许在解释变量中放入多阶滞后项. 例如:

$$Y_t = \beta_0 + \beta_1 Y_{t-1} + \beta_2 Y_{t-2} + \cdots + \beta_p Y_{t-p} + u_t$$

这称为 p 阶自回归模型, 或者简称为 AR(p).

```
ar.ols(DifInfl,
       order.max=4,
       demean=F,
       intercept=T)
```

```
##
## Call:
## ar.ols(x=DifInfl, order.max=4, demean=F, intercept=T)
##
## Coefficients:
##      1       2       3
## -0.289  -0.291   0.157
##
## Intercept: 0.0204 (0.119)
##
## Order selected 3  sigma^2 estimated as  2.38
```

4.1.2 自回归分布滞后模型

有时候, 在模型中另外加一个变量 X_t, 会有助于更好地预测 Y_t. 这就是自回归分布滞后 (autoregressive distributed lag, ADL) 模型.

在本例中, 我们用失业率 (UnEmp) 来辅助预测通货膨胀率. 首先, 提取失业率数据, 并将其转化为 ts 格式.

```
UNEMP<-ts(us_macro_quarterly$UNRATE,
                start=c(1957,1),
                frequency=4)
UnEmp<-window(UNEMP, start=c(1962,1),
                end=c(2004,4))
```

我们用 dynlm 包中的 dynlm() 函数来实现 ADL 模型.

```
library(dynlm)
adl41<-dynlm(DifInfl~L(DifInfl,1:4)+L(UnEmp),
             start=c(1962,1),
             end=c(2004,4))
```

用 lmtest 包中的 coeftest() 函数来给出该 ADL 模型的系数及其统计检验.

```
lmtest::coeftest(adl41)
```

```
##
## t test of coefficients:
##
##                    Estimate Std. Error t value Pr(>|t|)
## (Intercept)          1.2767     0.5410    2.36    0.019
## L(DifInfl, 1:4)1    -0.3350     0.0799   -4.19  4.5e-05
## L(DifInfl, 1:4)2    -0.3629     0.0848   -4.28  3.2e-05
## L(DifInfl, 1:4)3     0.0848     0.0851    1.00    0.321
## L(DifInfl, 1:4)4    -0.0585     0.0804   -0.73    0.468
## L(UnEmp)            -0.2114     0.0890   -2.38    0.019
##
## (Intercept)         *
## L(DifInfl, 1:4)1 ***
## L(DifInfl, 1:4)2 ***
## L(DifInfl, 1:4)3
## L(DifInfl, 1:4)4
## L(UnEmp)            *
## ---
## Signif. codes:
## 0 '***' 0.001 '**' 0.01 '*' 0.05 '.' 0.1 ' ' 1
```

4.1.3 向量自回归

很多时候需要同时预测多个时间序列变量. 一种方案是分别建立它们的 ADL 模型, 但更为现代的方案是向量自回归 (vector autoregression, VAR) 模型. 对于两个时间序列数据 Y_t 和 X_t, p 阶向量自回归模型为

$$Y_t = \beta_{10} + \beta_{11}Y_{t-1} + \cdots + \beta_{1p}Y_{t-p} + \gamma_{11}X_{t-1} + \cdots + \gamma_{1p}X_{t-p} + u_{1t}$$

$$X_t = \beta_{20} + \beta_{21}Y_{t-1} + \cdots + \beta_{2p}Y_{t-p} + \gamma_{21}X_{t-1} + \cdots + \gamma_{2p}X_{t-p} + u_{2t}$$

下面给出通胀率和失业率的 VAR(4) 模型的一个实现方法. 这需要用到宏包 vars.

```
library(vars)
VAR.data<-window(ts.union(DifInfl, UnEmp),
```

```
                    start=c(1982,1),
                    end=c(2004,4))
VAR.est<-VAR(y=VAR.data,p=4)
coeftest(VAR.est,vcov=vcovHC)
```

```
##
## t test of coefficients:
##
##                       Estimate Std. Error t value
## DifInfl:(Intercept)    1.24507    0.66740    1.87
## DifInfl:DifInfl.l1    -0.64629    0.14886   -4.34
## DifInfl:UnEmp.l1      -3.28591    0.86559   -3.80
## DifInfl:DifInfl.l2    -0.52702    0.13582   -3.88
## DifInfl:UnEmp.l2       2.84991    1.32117    2.16
## DifInfl:DifInfl.l3    -0.12866    0.13284   -0.97
## DifInfl:UnEmp.l3       2.05310    1.26865    1.62
## DifInfl:DifInfl.l4    -0.14833    0.09260   -1.60
## DifInfl:UnEmp.l4      -1.84266    0.62328   -2.96
## UnEmp:(Intercept)      0.36366    0.13555    2.68
## UnEmp:DifInfl.l1      -0.00623    0.01834   -0.34
## UnEmp:UnEmp.l1         1.34535    0.14657    9.18
## UnEmp:DifInfl.l2       0.00250    0.02010    0.12
## UnEmp:UnEmp.l2        -0.21720    0.22186   -0.98
## UnEmp:DifInfl.l3       0.00390    0.02038    0.19
## UnEmp:UnEmp.l3        -0.26601    0.24016   -1.11
## UnEmp:DifInfl.l4       0.00986    0.01571    0.63
## UnEmp:UnEmp.l4         0.07242    0.12778    0.57
##                       Pr(>|t|)
## DifInfl:(Intercept)    0.06582 .
## DifInfl:DifInfl.l1     4.2e-05 ***
## DifInfl:UnEmp.l1       0.00029 ***
## DifInfl:DifInfl.l2     0.00021 ***
## DifInfl:UnEmp.l2       0.03404 *
## DifInfl:DifInfl.l3     0.33573
## DifInfl:UnEmp.l3       0.10958
## DifInfl:DifInfl.l4     0.11316
## DifInfl:UnEmp.l4       0.00410 **
## UnEmp:(Intercept)      0.00889 **
## UnEmp:DifInfl.l1       0.73514
```

```
## UnEmp:UnEmp.l1         4.3e-14 ***
## UnEmp:DifInfl.l2       0.90120
## UnEmp:UnEmp.l2         0.33058
## UnEmp:DifInfl.l3       0.84875
## UnEmp:UnEmp.l3         0.27139
## UnEmp:DifInfl.l4       0.53214
## UnEmp:UnEmp.l4         0.57247
## ---
## Signif. codes:
## 0 '***' 0.001 '**' 0.01 '*' 0.05 '.' 0.1 ' ' 1
```

本书用到的 VAR 估计方法就是普通最小二乘法, 它等价于对每个方程使用普通最小二乘法.

```
VAR.EQ1<-dynlm(DifInfl~L(DifInfl,1:4)
                +L(UnEmp,1:4),
                start=c(1982,1),
                end=c(2004,4))
VAR.EQ2<-dynlm(UnEmp~L(UnEmp,1:4)
                +L(DifInfl,1:4),
                start=c(1982,1),
                end=c(2004,4))
coeftest(VAR.EQ1,vcov=vcovHC)
```

```
##
## t test of coefficients:
##
##                    Estimate Std. Error t value Pr(>|t|)
## (Intercept)           1.484      0.649    2.29   0.0248
## L(DifInfl, 1:4)1     -0.686      0.152   -4.51  2.1e-05
## L(DifInfl, 1:4)2     -0.607      0.132   -4.59  1.5e-05
## L(DifInfl, 1:4)3     -0.131      0.134   -0.98   0.3291
## L(DifInfl, 1:4)4     -0.098      0.102   -0.96   0.3389
## L(UnEmp, 1:4)1       -3.623      0.720   -5.03  2.8e-06
## L(UnEmp, 1:4)2        3.079      1.112    2.77   0.0069
## L(UnEmp, 1:4)3        2.312      1.258    1.84   0.0696
## L(UnEmp, 1:4)4       -2.038      0.640   -3.18   0.0020
##
## (Intercept)         *
## L(DifInfl, 1:4)1 ***
## L(DifInfl, 1:4)2 ***
```

```
## L(DifInfl, 1:4)3
## L(DifInfl, 1:4)4
## L(UnEmp, 1:4)1    ***
## L(UnEmp, 1:4)2    **
## L(UnEmp, 1:4)3    .
## L(UnEmp, 1:4)4    **
## ---
## Signif. codes:
## 0 '***' 0.001 '**' 0.01 '*' 0.05 '.' 0.1 ' ' 1
```

```
coeftest(VAR.EQ2,vcov=vcovHC)
```

```
##
## t test of coefficients:
##
##                    Estimate Std. Error t value Pr(>|t|)
## (Intercept)         0.21854    0.15379    1.42     0.16
## L(UnEmp, 1:4)1      1.52503    0.14283   10.68   <2e-16
## L(UnEmp, 1:4)2     -0.30274    0.22778   -1.33     0.19
## L(UnEmp, 1:4)3     -0.40764    0.28517   -1.43     0.16
## L(UnEmp, 1:4)4      0.14732    0.15078    0.98     0.33
## L(DifInfl, 1:4)1    0.00280    0.02186    0.13     0.90
## L(DifInfl, 1:4)2    0.00382    0.02327    0.16     0.87
## L(DifInfl, 1:4)3   -0.00869    0.02373   -0.37     0.72
## L(DifInfl, 1:4)4   -0.00375    0.01765   -0.21     0.83
##
## (Intercept)
## L(UnEmp, 1:4)1    ***
## L(UnEmp, 1:4)2
## L(UnEmp, 1:4)3
## L(UnEmp, 1:4)4
## L(DifInfl, 1:4)1
## L(DifInfl, 1:4)2
## L(DifInfl, 1:4)3
## L(DifInfl, 1:4)4
## ---
## Signif. codes:
## 0 '***' 0.001 '**' 0.01 '*' 0.05 '.' 0.1 ' ' 1
```

1. 预测

对于 AR(2) 模型:

$$Y_t = \beta_0 + \beta_1 Y_{t-1} + \beta_2 Y_{t-2} + u$$

在第 T 期时预测 $T+1$ 期的变量值, 可以用如下式子:

$$\hat{Y}_{T+1} = \hat{\beta}_0 + \hat{\beta}_1 Y_T + \hat{\beta}_2 Y_{T-1}$$

如果在第 T 期时预测第 $T+2$ 期的变量值, 可以采取迭代多期预测法, 即先预测第 $T+1$ 期值, 然后预测第 $T+2$ 期值:

$$\hat{Y}_{T+2} = \hat{\beta}_0 + \hat{\beta}_1 \hat{Y}_{T+1} + \hat{\beta}_2 Y_T$$

我们用 vars 包中的 predict() 函数来预测 VAR 模型中的变量, 用 n.ahead 来指定预测期数. 该函数还会报告预测误差区间.

```
(forecast<-predict(VAR.est , n.ahead=8))
```

```
## $DifInfl
##          fcst  lower upper    CI
## [1,] -1.18204 -3.650 1.286 2.468
## [2,] -0.28513 -3.362 2.792 3.077
## [3,]  0.62031 -2.472 3.713 3.092
## [4,] -0.41204 -3.625 2.801 3.213
## [5,]  0.12073 -3.141 3.382 3.262
## [6,]  0.10523 -3.166 3.376 3.271
## [7,] -0.14916 -3.422 3.123 3.273
## [8,]  0.06601 -3.212 3.344 3.278
##
## $UnEmp
##       fcst lower upper     CI
## [1,] 5.422 5.073 5.770 0.3488
## [2,] 5.445 4.858 6.031 0.5866
## [3,] 5.459 4.646 6.273 0.8133
## [4,] 5.485 4.499 6.471 0.9862
## [5,] 5.493 4.378 6.607 1.1142
## [6,] 5.502 4.298 6.705 1.2035
## [7,] 5.513 4.246 6.780 1.2666
## [8,] 5.519 4.208 6.831 1.3116
```

图 4.2 展示了通胀率和失业率在未来两年 (8 期) 中的预测值及其预测误差区间.

```
plot(forecast)
```

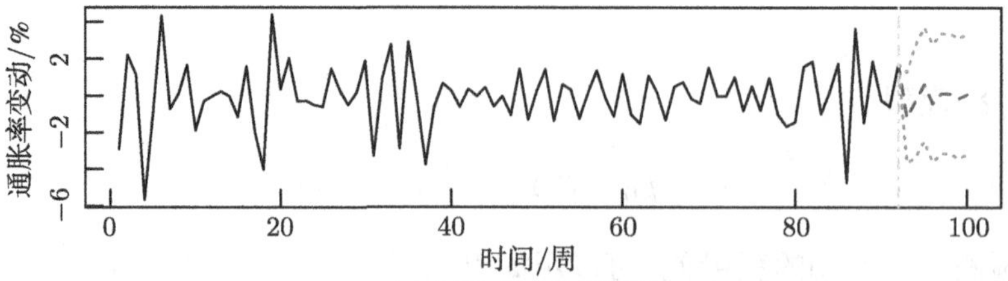

(a) 通胀率变动的预测

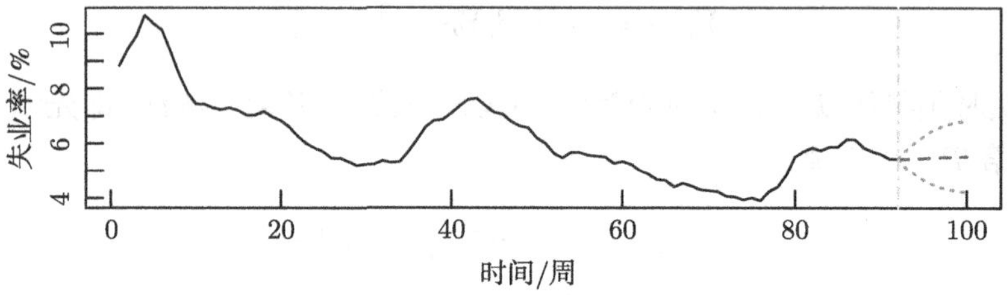

(b) 失业率的预测

图 4.2　未来两年的预测值

2. 最优滞后阶数的选择

在自回归模型中, 不同的滞后阶数的回归结果是不同的, vars 包中的 VARselect() 函数使用四种标准选择最优的滞后阶数, 这四种标准分别为 Akaike 信息准则 (Akaike's information criterion, AIC)、HQ(Hannan-Quinn) 准则、Schwarz 准则 (Schwarz's criterion, SC) 和最终预测误准则 (final prediction error criterion, FPE), 它们的介绍可参看 Lütkepohl (2006) 的相关研究.

```
vars::VARselect(VAR.data,lag.max=10)
```

```
## $selection
## AIC(n)  HQ(n)  SC(n) FPE(n)
##      2      2      2      2
##
## $criteria
##                1        2        3        4        5
## AIC(n) -2.4841 -2.90749 -2.85036 -2.88017 -2.88655
## HQ(n)  -2.4134 -2.78965 -2.68539 -2.66807 -2.62731
## SC(n)  -2.3080 -2.61398 -2.43946 -2.35187 -2.24085
## FPE(n)  0.0834  0.05463  0.05787  0.05622  0.05595
##                6        7        8        9       10
## AIC(n) -2.88467 -2.80787 -2.72608 -2.73545 -2.65098
## HQ(n)  -2.57830 -2.45436 -2.32543 -2.28767 -2.15607
## SC(n)  -2.12157 -1.92736 -1.72817 -1.62014 -1.41827
## FPE(n)  0.05618  0.06084  0.06628  0.06599  0.07225
```

这四种标准都建议滞后阶数选择 2, 而不是 4.

3. Granger 因果性检验

如果过去和现在的某变量有助于预测未来的另一个变量, 则称前者对后者有 Granger 因果效应.VAR 可以用于 Granger 因果性检验. 例如, 我们想检验过去 4 期的就业率对当期的通胀率差是否有 Granger 因果效应. 这其实是一个 F 检验, 即检验第一个方程中就业率的四个滞后项是否同时为零. 原假设是这四个滞后项同时为零. 注意 Granger 因果效应并不是通常在计量经济学中讲的因果效应.

我们可以用 vars 包中的 grangertest() 函数来实现 Granger 因果性检验.

```
library(vars)
grangertest(x=UnEmp,y=DifInfl,order=4)
```

```
## Granger causality test
##
## Model 1: DifInfl~Lags(DifInfl, 1:4)+Lags(UnEmp, 1:4)
## Model 2: DifInfl~Lags(DifInfl, 1:4)
##   Res.Df Df    F  Pr(>F)
## 1    159
## 2    163 -4 10.6 1.3e-07 ***
## ---
## Signif. codes:
## 0 '***' 0.001 '**' 0.01 '*' 0.05 '.' 0.1 ' ' 1
```

可以看出, 该检验的 p 值非常小, 这让我们拒绝原假设, 即过去 4 期的就业率对当期的通胀率差有显著的 Granger 因果效应.

4. 脉冲反应函数

Granger 因果效应只能告诉研究者某变量是否能预测另一个变量, 但不能反映其数量关系. 脉冲反应函数 (impulse response function) 补充了这一点. 我们给某个变量以一单位的冲击, 则脉冲反应函数反映了未来其他变量的时间走势.

下面分别得到了失业率和通胀率变动的脉冲反应函数.

```
VAR.irf1<-irf(VAR.est,
              impulse="DifInfl",
              response="UnEmp")
VAR.irf2<-irf(VAR.est,
              impulse="UnEmp",
              response="DifInfl")
```

图 4.3 给出了一个单位通胀率变动的冲击带来的失业率脉冲反应函数的图像. 两条虚线是其通过 100 次自助法得到的 95% 置信区间.

```
plot(VAR.irf1)
```

图 4.4 给出了一个单位失业率的冲击带来的通胀率变动脉冲反应函数的图像. 两条虚线是其通过 100 次自助法得到的 95% 置信区间.

```
plot(VAR.irf2)
```

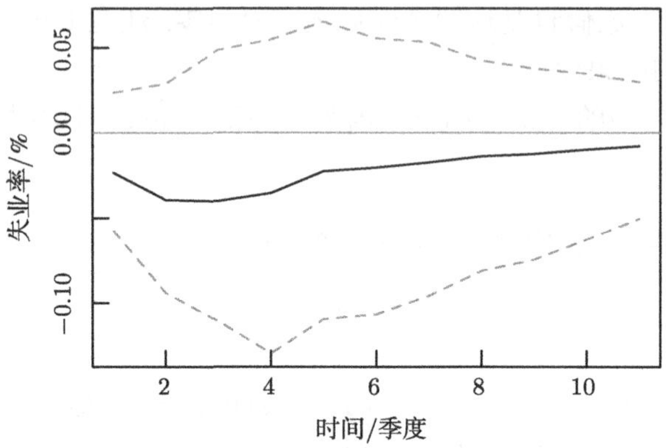

图 4.3　通胀率变动带来的正交脉冲反应

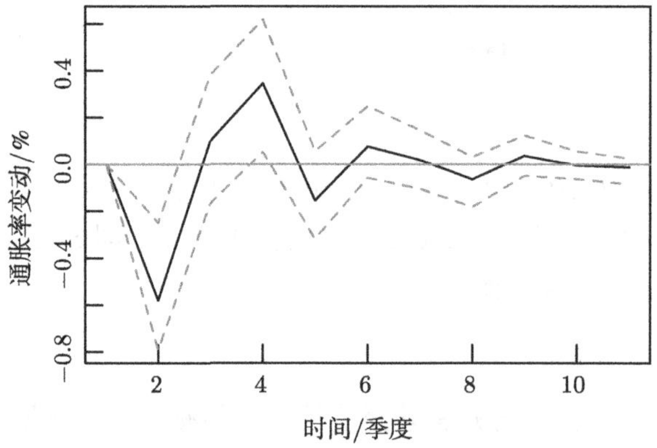

图 4.4　失业率带来的正交脉冲反应

4.2　平　稳　性

我们之所以能够用过去的数据预测未来的数据, 是因为我们假设了数据的平稳性. 一个时间序列 X_t 是平稳的, 如果对于任意的 T, 都有 $(X_{s+1}, X_{s+2}, \cdots, X_{s+T})$ 的联合分布不依赖于 s. 当 $T=1$ 时, 这就是说, 该时间序列 X_s 在任意时间点上的分布函数都相同.

预测模型之所以正确, 还有一个重要假设, 即弱相依性 (weak dependence). 该假设大概的意思是, 虽然我们不奢望某时间序列的各个时间点上取值是独立的, 但我们希望随着时间跨度越来越大, 它们渐渐地变得近似于独立.

本书只处理平稳性. 造成时间序列不平稳的可能性主要有两种. 第一, 该时间序列存在一个时间趋势, 如随时间越来越高或越来越低. 第二, 该时间序列存在一些断点 (break). 例如, 随着布雷顿森林体系的崩溃, 世界主要大国之间的汇率会发生结构性的改变. 我们没理由认为该汇率的分布函数仍然不变.

断点也不在本书的处理范围内. 时间趋势分为确定性趋势和随机趋势, 而随机趋势更为现实. 最常见的随机趋势是一个随机游走 (random walk).

$$Y_t = Y_{t-1} + u_t \tag{4.2}$$

其中, 白噪声 u_t 是独立同分布的. 一般假设它服从正态分布, 且期望为零.

如果式 (4.2) 中的右边加入截距项, 则变成一个带漂移的随机游走 (random walk with drift).

$$Y_t = \beta_0 + Y_{t-1} + u_t$$

可以证明, 随机游走是一个非平稳的时间序列, 显然它的一阶差分是平稳的. 我们称随机游走为一阶整或者单位根, 其原因可以参看 Stock 和 Watson (2012) 或 Wooldridge (2015) 的研究内容.

如果使用非平稳的时间序列做回归, 可能会出现伪回归 (spurious regression) 现象. 虽然它们可能是独立的, 但回归斜率系数却非常显著.

4.2.1 单位根检验

为了检验一个时间序列是否为平稳过程, 我们可以对它进行 DF(Dickey-Fuller) 单位根检验. 我们对该时间序列做一个 AR(1) 回归, 由于带漂移的随机游走是 $\beta_1 = 1$ 的 AR(1), 该检验的原假设为

$$H_0 : \beta_1 = 1$$

而备择假设为

$$H_1 : \beta_1 < 1$$

或者, 对方程 $\Delta Y_t = \beta_0 + \delta Y_{t-1} + u_t$, 原假设为

$$H_0 : \delta = 0$$

而备择假设为

$$H_1 : \delta < 0$$

在大部分时候我们需要在回归方程中加入 ΔY_t 的滞后项, 这就是所谓的增广的 Dickey-Fuller 检验 (简称 ADF 检验). 例如, p 阶 ADF 检验的回归方程为

$$\Delta Y_t = \beta_0 + \delta Y_{t-1} + \gamma_1 \Delta Y_{t-1} + \gamma_2 \Delta Y_{t-2} + \cdots + \gamma_p \Delta Y_{t-p} + u_t$$

此时,ADF 统计量为该方程检验 $\delta = 0$ 的 t 统计量, 备择假设仍然为 $\delta < 0$.

有时候可以在回归方程中加入时间趋势项, 即回归方程变为

$$\Delta Y_t = \beta_0 + \alpha t + \delta Y_{t-1} + \gamma_1 \Delta Y_{t-1} + \gamma_2 \Delta Y_{t-2} + \cdots + \gamma_p \Delta Y_{t-p} + u_t$$

可以证明, 在单位根的原假设下,ADF 统计量即使在大样本下也不是正态分布, 因此不能使用正态分布的临界点来做假设检验. 该检验的大样本临界点如表 4.1 所示.

表 4.1　ADF 统计量的大样本临界点

确定性回归元	10%	5%	1%
截距项	−2.57	−2.86	−3.43
截距项 + 时间趋势	−3.12	−3.41	−3.96

还需要注意的是, 在计算 t 值时, 我们要使用经典标准误, 这比一般的稳健标准误还要稳健.

在 ADF 检验中, 滞后期数 p 需要给定. 一般用 AIC 准则来选取最优的 p.

```
library(dynlm)
library(lmtest)
ADF.EQ<-dynlm(DifInfl~L(Infl)+L(DifInfl,1:4))
coeftest(ADF.EQ)
```

```
##
## t test of coefficients:
##
##                    Estimate Std. Error t value Pr(>|t|)
## (Intercept)          0.5390     0.2238    2.41   0.0171
## L(Infl)             -0.1187     0.0436   -2.72   0.0073
## L(DifInfl, 1:4)1   -0.2121     0.0818   -2.59   0.0104
## L(DifInfl, 1:4)2   -0.2240     0.0832   -2.69   0.0078
## L(DifInfl, 1:4)3    0.2010     0.0810    2.48   0.0140
## L(DifInfl, 1:4)4    0.0321     0.0785    0.41   0.6836
##
## (Intercept)        *
## L(Infl)            **
## L(DifInfl, 1:4)1 *
## L(DifInfl, 1:4)2 **
## L(DifInfl, 1:4)3 *
## L(DifInfl, 1:4)4
## ---
## Signif. codes:
## 0 '***' 0.001 '**' 0.01 '*' 0.05 '.' 0.1 ' ' 1
```

我们还可以使用 urca 包中的 ur.df() 函数来直接做 ADF 检验.

```
library(urca)
ADF.Test<-ur.df(Infl,type="drift",lags=4)
summary(ADF.Test)
```

```
##
## ###############################################
## # Augmented Dickey-Fuller Test Unit Root Test #
## ###############################################
##
## Test regression drift
##
##
## Call:
## lm(formula = z.diff ~ z.lag.1 + 1 + z.diff.lag)
##
## Residuals:
##     Min      1Q  Median      3Q     Max
## -4.551 -0.873   0.054   0.911   3.734
##
## Coefficients:
##              Estimate Std. Error t value Pr(>|t|)
## (Intercept)    0.5436     0.2261    2.40   0.0173 *
## z.lag.1       -0.1194     0.0440   -2.72   0.0073 **
## z.diff.lag1   -0.2119     0.0821   -2.58   0.0107 *
## z.diff.lag2   -0.2237     0.0835   -2.68   0.0081 **
## z.diff.lag3    0.2013     0.0812    2.48   0.0142 *
## z.diff.lag4    0.0329     0.0789    0.42   0.6774
## ---
## Signif. codes:
## 0 '***' 0.001 '**' 0.01 '*' 0.05 '.' 0.1 ' ' 1
##
## Residual standard error: 1.54 on 161 degrees of freedom
## Multiple R-squared:  0.231,  Adjusted R-squared:  0.208
## F-statistic:  9.7 on 5 and 161 DF,  p-value: 4.13e-08
##
##
## Value of test-statistic is: -2.715 3.704
##
## Critical values for test statistics:
```

```
##        1pct  5pct 10pct
## tau2 -3.46 -2.88 -2.57
## phi1  6.52  4.63  3.81
```

该检验中的参数 type 的值为 drift, 表示回归方程中有截距项, 还可以选择 none 和 trend, 分别表示没有截距项和加入时间趋势. 注意, tseries 包中的 adf.test() 函数也可以做 ADF 检验, 但它只做加入时间趋势的 ADF 检验.

下面介绍最后一种单位根检验, 即 Dickey-Fuller 广义最小二乘法单位根 (Dickey-Fuller generalized least squares, DF-GLS) 检验. 该检验的介绍见 Stock 和 Watson (2012) 的文献的 16.3 节. 我们使用 urca 包中的 ur.ers() 函数来直接做单位根检验.

```
DF.GLS.Test<-ur.ers(Infl,
        type="DF-GLS",
        model="constant",
        lag.max=3)
summary(DF.GLS.Test)
```

```
##
## ###############################################
## # Elliot, Rothenberg and Stock Unit Root Test #
## ###############################################
##
## Test of type DF-GLS
## detrending of series with intercept
##
##
## Call:
## lm(formula=dfgls.form, data=data.dfgls)
##
## Residuals:
##    Min     1Q Median     3Q    Max
## -4.793 -0.648  0.227  1.076  3.980
##
## Coefficients:
##              Estimate Std. Error t value Pr(>|t|)
## yd.lag        -0.0692     0.0343   -2.02   0.0452 *
## yd.diff.lag1  -0.2402     0.0801   -3.00   0.0031 **
## yd.diff.lag2  -0.2563     0.0782   -3.28   0.0013 **
## yd.diff.lag3   0.1790     0.0771    2.32   0.0214 *
## ---
## Signif. codes:
```

```
## 0 '***' 0.001 '**' 0.01 '*' 0.05 '.' 0.1 ' ' 1
##
## Residual standard error: 1.55 on 164 degrees of freedom
## Multiple R-squared:  0.216,  Adjusted R-squared:  0.197
## F-statistic: 11.3 on 4 and 164 DF,  p-value: 4.17e-08
##
##
## Value of test-statistic is: -2.018
##
## Critical values of DF-GLS are:
##                  1pct  5pct 10pct
## critical values -2.58 -1.94 -1.62
```

DF-GLS 检验的大样本临界点如表 4.2 所示. 显然, 在 5% 的显著性水平上, 我们拒绝通胀率为单位根时间序列的原假设.

表 4.2　DF-GLS 检验的大样本临界点

确定性回归元	10%	5%	1%
截距项	−1.62	−1.95	−2.58
截距项 + 时间趋势	−2.57	−2.89	−3.48

4.2.2　协整

如果两个具有随机趋势的时间序列在长期的变化轨迹上互相接近, 则称它们具有共同趋势. 两个或多个具有共同趋势的时间序列称为协整 (cointegration).

设时间序列 X_t 和 Y_t 都是一阶整. 如果某个系数 θ 使 $Y_t-\theta X_t$ 为零阶整, 则 X_t 和 Y_t 为协整, 而 θ 为协整系数. 因为 X_t 和 Y_t 具有共同趋势, 则 $Y_t-\theta X_t$ 消除了该共同趋势, 所以为零阶整.

我们考虑两种美国政府债券的利率. 其一为 90 天国库券以年计的利率 (R90), 其二为一年期的政府债券利率 (R1yr).

```
GS1<-ts(us_macro_quarterly$GS1,
        start=c(1957,1),freq=4)
TB3MS<-ts(us_macro_quarterly$TB3MS,
          start=c(1957,1),freq=4)
R1yr<-window(GS1,
             start=c(1962,1),
             end=c(2004,4))
R90<-window(TB3MS,
            start=c(1962,1),
            end=c(2004,4))
rspread<-R1yr-R90
```

首先来看 R90 与 R1yr 两个时间序列的走势图, 如图 4.5 所示.

```
plot(R1yr,ylim=c(-5,20),lwd=1.5,
    xlab="", ylab="Percent per annum")
lines(R90,lty=1,lwd=1.5,col="deepskyblue")
lines(rspread,lty=2,lwd=1.5,col="black")
abline(h=0)
legend("topright",legend=
     c("1-year rates", "3-month rates", "Interest rate spread"),
     col=c("black", "deepskyblue", "black"),
     lty=c(1,1,2),lwd=2)
```

从图 4.5 来看, 虽然 R90 与 R1yr 都不是平稳时间序列, 但它们的变化趋势较为接近. 因此它们的利率差看似较为平稳.

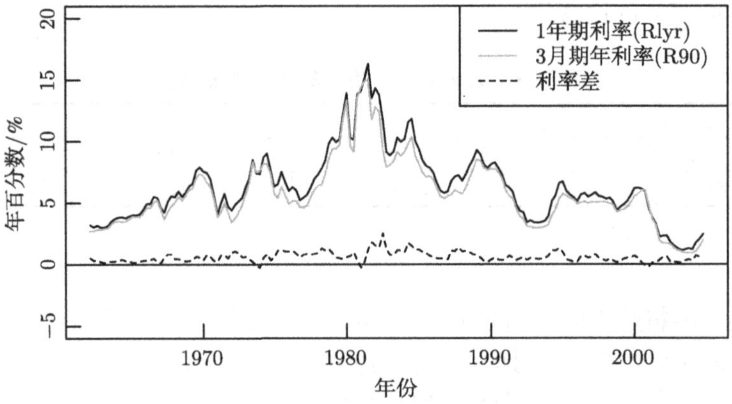

图 4.5　美国 1 年期利率与 3 月期年利率的走势图

下面来检验上述的直觉. 首先对 R90 与 R1yr 做 ADF 检验.

```
library(urca)
urdf.R90<-ur.df(R90,
     lags=6,
     selectlags="AIC",
     type="drift")
summary(urdf.R90)

##
## ###############################################
## # Augmented Dickey-Fuller Test Unit Root Test #
## ###############################################
##
## Test regression drift
```

```
##
##
## Call:
## lm(formula=z.diff~z.lag.1+1+z.diff.lag)
##
## Residuals:
##     Min      1Q Median      3Q     Max
## -3.272 -0.297 -0.016  0.349  2.937
##
## Coefficients:
##             Estimate Std. Error t value Pr(>|t|)
## (Intercept)   0.3157     0.1482    2.13  0.03474 *
## z.lag.1      -0.0543     0.0232   -2.34  0.02039 *
## z.diff.lag1   0.4315     0.0773    5.58  1.0e-07 ***
## z.diff.lag2  -0.4279     0.0823   -5.20  6.1e-07 ***
## z.diff.lag3   0.4709     0.0859    5.48  1.6e-07 ***
## z.diff.lag4  -0.2305     0.0880   -2.62  0.00972 **
## z.diff.lag5   0.3167     0.0808    3.92  0.00013 ***
## z.diff.lag6  -0.1409     0.0795   -1.77  0.07838 .
## ---
## Signif. codes:
## 0 '***' 0.001 '**' 0.01 '*' 0.05 '.' 0.1 ' ' 1
##
## Residual standard error: 0.717 on 157 degrees of freedom
## Multiple R-squared:  0.273,  Adjusted R-squared:  0.241
## F-statistic: 8.43 on 7 and 157 DF,  p-value: 9.76e-09
##
##
## Value of test-statistic is: -2.343 2.75
##
## Critical values for test statistics:
##       1pct  5pct 10pct
## tau2 -3.46 -2.88 -2.57
## phi1  6.52  4.63  3.81
```

```
urdf.R1yr<-ur.df(R1yr,
      lags=6,
      selectlags="AIC",
      type="drift")
```

```
summary(urdf.R1yr)

##
## ###############################################
## # Augmented Dickey-Fuller Test Unit Root Test #
## ###############################################
##
## Test regression drift
##
##
## Call:
## lm(formula = z.diff ~ z.lag.1 + 1 + z.diff.lag)
##
## Residuals:
##    Min     1Q Median     3Q    Max
## -3.282 -0.362 -0.027  0.322  2.495
##
## Coefficients:
##             Estimate Std. Error t value Pr(>|t|)
## (Intercept)   0.3053     0.1528    2.00  0.04741 *
## z.lag.1      -0.0476     0.0216   -2.20  0.02911 *
## z.diff.lag1   0.3030     0.0766    3.95  0.00011 ***
## z.diff.lag2  -0.2701     0.0760   -3.55  0.00050 ***
## z.diff.lag3   0.2667     0.0767    3.48  0.00066 ***
## ---
## Signif. codes:
## 0 '***' 0.001 '**' 0.01 '*' 0.05 '.' 0.1 ' ' 1
##
## Residual standard error: 0.768 on 160 degrees of freedom
## Multiple R-squared:  0.166,  Adjusted R-squared:  0.145
## F-statistic: 7.94 on 4 and 160 DF,  p-value: 7.29e-06
##
##
## Value of test-statistic is: -2.202 2.427
##
## Critical values for test statistics:
##       1pct  5pct 10pct
## tau2 -3.46 -2.88 -2.57
## phi1  6.52  4.63  3.81
```

由以上内容来看, 我们不拒绝 R90 与 R1yr 是单位根的假设.

```
urdf.rspread<-ur.df(rspread,
                    lags=6,
                    selectlags="AIC",
                    type="drift")
summary(urdf.rspread)
```

```
##
## ###############################################
## # Augmented Dickey-Fuller Test Unit Root Test #
## ###############################################
##
## Test regression drift
##
##
## Call:
## lm(formula=z.diff~z.lag.1+1+z.diff.lag)
##
## Residuals:
##      Min       1Q   Median       3Q      Max
## -0.7989 -0.1535 -0.0176  0.0934  1.1956
##
## Coefficients:
##             Estimate Std. Error t value Pr(>|t|)
## (Intercept)  0.11542    0.04622    2.50  0.01354 *
## z.lag.1     -0.18820    0.06879   -2.74  0.00694 **
## z.diff.lag1  0.05260    0.08670    0.61  0.54498
## z.diff.lag2 -0.16176    0.08267   -1.96  0.05217 .
## z.diff.lag3 -0.03164    0.08310   -0.38  0.70394
## z.diff.lag4  0.00185    0.08129    0.02  0.98184
## z.diff.lag5 -0.14407    0.07658   -1.88  0.06179 .
## z.diff.lag6 -0.28776    0.07684   -3.75  0.00025 ***
## ---
## Signif. codes:
## 0 '***' 0.001 '**' 0.01 '*' 0.05 '.' 0.1 ' ' 1
##
## Residual standard error: 0.261 on 157 degrees of freedom
## Multiple R-squared:  0.261,  Adjusted R-squared:  0.228
## F-statistic: 7.92 on 7 and 157 DF,  p-value: 3.25e-08
```

```
##
##
## Value of test-statistic is: -2.736 3.746
##
## Critical values for test statistics:
##       1pct  5pct 10pct
## tau2 -3.46 -2.88 -2.57
## phi1  6.52  4.63  3.81
```

由以上内容来看, 在 10% 的显著水平下拒绝 rspread 是单位根的假设.

1. **协整的检验**

如果协整系数 θ 已知, 则可以将 ADF 检验或者 DF-GLS 检验应用到 $z_t := Y_t - \theta X_t$ 上. 如果 z_t 是平稳的, 则 X_t 和 Y_t 为协整, 否则不是协整.

如果协整系数 θ 未知, 我们采用 Engle-Granger 增广 Deckey-Fuller(简称 EG-ADF) 两步法来做检验.

(1) 用普通最小二乘法做以下回归:

$$Y_t = \alpha + \theta X_t + \varepsilon_t$$

(2) 对第 (1) 步中的残差 $\hat{\varepsilon}_t$ 做 DF 检验, 看它是否为单位根.

其原假设为参与检验的变量不是协整, 备择假设是它们是协整. 该统计量大样本临界点如表 4.3 所示.

表 4.3 EG-ADF 统计量的大样本临界点

X 的个数	10%	5%	1%
1	−3.12	−3.41	−3.96
2	−3.52	−3.80	−4.36
3	−3.84	−4.16	−4.73
4	−4.20	−4.49	−5.07

EG-ADF 协整检验可以用 aTSA 包中的 coint.test() 函数来实现.

```
library(aTSA)
coint.test(R1yr,R90)
```

```
## Response: R1yr
## Input: R90
## Number of inputs: 1
## Model: y~X+1
## --------------------------------
## Engle-Granger Cointegration Test
## alternative: cointegrated
```

```
##
## Type 1: no trend
##      lag      EG p.value
##    4.00   -5.16    0.01
## -----
##  Type 2: linear trend
##      lag      EG p.value
##   4.000   0.148   0.100
## -----
##  Type 3: quadratic trend
##      lag      EG p.value
##    4.00    1.16    0.10
## -----------
## Note: p.value=0.01 means p.value<=0.01
##     : p.value=0.10 means p.value>=0.10
```

由结果可见, 如果不加入时间趋势, 则在 1% 的置信水平下拒绝原假设, 即认为 R1yr 和 R90 为协整.

2. 误差纠正模型

对于协整的两个时间序列 X_t 和 Y_t, 其 p 阶向量误差纠正模型 (vector error correction model, VECM) 为

$$\begin{aligned}\Delta Y_t =&\beta_{10}+\beta_{11}\Delta Y_{t-1}+\cdots+\beta_{1p}\Delta Y_{t-1}\\&+\gamma_{11}\Delta X_{t-1}+\cdots+\gamma_{1p}\Delta X_{t-1}+\alpha_1(Y_{t-1}-\theta X_{t-1})+u_{1t}\\\Delta X_t =&\beta_{20}+\beta_{21}\Delta Y_{t-1}+\cdots+\beta_{2p}\Delta Y_{t-1}\\&+\gamma_{21}\Delta X_{t-1}+\cdots+\gamma_{2p}\Delta X_{t-1}+\alpha_2(Y_{t-1}-\theta X_{t-1})+u_{2t}\end{aligned}$$

其中,$Y_{t-1}-\theta X_{t-1}$ 为误差纠正项.

下面用 dynlm() 函数来逐一估计.

```
library(dynlm)
library(lmtest)
library(sandwich)
DifR1yr<-diff(R1yr)
DifR90<-diff(R90)
VECM.EQ1<-dynlm(DifR90~L(DifR90,1:2)
                +L(DifR1yr,1:2)+L(rspread),
                start=c(1962,1),end=c(2004,4))
coeftest(VECM.EQ1,vcov=vcovHC(VECM.EQ1,type="HC1"))
```

```
##
## t test of coefficients:
##
##                      Estimate Std. Error t value Pr(>|t|)
## (Intercept)         -0.04319    0.11091   -0.39     0.70
## L(DifR90, 1:2)1      0.18097    0.31990    0.57     0.57
## L(DifR90, 1:2)2     -0.00883    0.30558   -0.03     0.98
## L(DifR1yr, 1:2)1     0.07816    0.31448    0.25     0.80
## L(DifR1yr, 1:2)2    -0.25946    0.28531   -0.91     0.36
## L(rspread)           0.06312    0.19438    0.32     0.75
```

```
VECM.EQ2<-dynlm(DifR1yr~L(DifR90,1:2)
               + L(DifR1yr,1:2)+L(rspread),
               start=c(1962,1),end=c(2004,4))
coeftest(VECM.EQ2,vcov=vcovHC(VECM.EQ2,type="HC1"))
```

```
##
## t test of coefficients:
##
##                      Estimate Std. Error t value Pr(>|t|)
## (Intercept)           0.1011     0.1190    0.85     0.40
## L(DifR90, 1:2)1       0.0268     0.3100    0.09     0.93
## L(DifR90, 1:2)2       0.1621     0.2937    0.55     0.58
## L(DifR1yr, 1:2)1      0.1958     0.2822    0.69     0.49
## L(DifR1yr, 1:2)2     -0.3948     0.2817   -1.40     0.16
## L(rspread)           -0.1771     0.2019   -0.88     0.38
```

4.3 动态因果性

预测只是时间序列模型的一个目标, 另一个目标是分析动态因果性. 动态因果性就是计量经济学中一般所指的因果性, 而非 Granger 因果性.

我们举 Stock 和 Watson (2012) 的文献中第 15 章的例子. 佛罗里达州盛产浓缩橘子汁, 但橘子的产量受到寒潮的影响. 寒潮不但影响当月的浓缩橘子汁价格, 而且影响未来的浓缩橘子汁价格.

我们先导入数据.

```
oj<-read.csv("oj.csv")
names(oj)
```

```
## [1] "date"  "ppioj" "fdd"   "pwf"
```

这是 1948~2001 年的月度数据. 变量 ppioj 代表了月平均浓缩橘子汁价格, pwf 为其他制成品平均价格, fdd 为月冰冻天数. 接下来, ppioj 除以 pwf, 以消除总体通胀的影响.

```
poj<-ts(oj$ppioj/oj$pwf,start=c(1948,1),freq=12)
dlpoj<-100*diff(log(poj))
fdd<-oj$fdd
fdd<-ts(oj$fdd,start=c(1948,1),freq=12)
POJ<-window(poj,start=c(1950,1),end=c(2000,12))
DLPOJ<-window(dlpoj,start=c(1950,1),end=c(2000,12))
```

为了与 Stock 和 Watson(2012) 的文献中一致, 我们截取 1950~2000 年的 fdd, 将其命名为变量 FDD.

```
FDD<-window(fdd,start=c(1950,1),end=c(2000,12))
```

为了研究 X_t 对 Y_t 的动态因果效应, 我们用 Y_t 对 X_t 及其 r 期滞后项进行回归. 这就是分布滞后 (distributed lag, DL) 模型.

$$Y_t = \beta_0 + \beta_1 X_t + \beta_2 X_{t-1} + \beta_3 X_{t-2} + \cdots + \beta_{r+1} X_{t-r} + u_t$$

外生性条件为

$$E(u_t \mid X_t, X_{t-1}, X_{t-2}, \cdots) = 0 \tag{4.3}$$

强外生性条件为

$$E(u_t | \cdots, X_{t+2}, X_{t+1}, X_t, X_{t-1}, X_{t-2}, \cdots) = 0 \tag{4.4}$$

首先看 1 阶 DL 模型. 假设变量 FDD 没有滞后效应.

```
library(dynlm)
library(lmtest)
library(sandwich)
oj.DL1<-dynlm(DLPOJ~FDD)
coeftest(oj.DL1,vcov=vcovHC)
```

```
##
## t test of coefficients:
##
##              Estimate Std. Error t value Pr(>|t|)
## (Intercept)    -0.402      0.190   -2.12    0.035 *
## FDD             0.466      0.150    3.11    0.002 **
## ---
## Signif. codes:
## 0 '***' 0.001 '**' 0.01 '*' 0.05 '.' 0.1 ' ' 1
```

这说明了月冰冻天数增加 1, 则当月浓缩橘子汁价格增加约 0.47%.

如果假设 FDD 有 6 个月的滞后效应, 则应该使用 6 阶 DL 模型.

```
oj.DL6<-dynlm(DLPOJ~FDD+L(FDD,1:6))
coeftest(oj.DL6,vcov=vcovHC)

##
## t test of coefficients:
##
##                Estimate Std. Error t value Pr(>|t|)
## (Intercept)     -0.6929     0.2101   -3.30   0.0010 **
## FDD              0.4714     0.1507    3.13   0.0018 **
## L(FDD, 1:6)1     0.1450     0.0913    1.59   0.1125
## L(FDD, 1:6)2     0.0583     0.0656    0.89   0.3743
## L(FDD, 1:6)3     0.0742     0.0511    1.45   0.1467
## L(FDD, 1:6)4     0.0363     0.0340    1.07   0.2864
## L(FDD, 1:6)5     0.0488     0.0346    1.41   0.1590
## L(FDD, 1:6)6     0.0502     0.0530    0.95   0.3438
## ---
## Signif. codes:
## 0 '***' 0.001 '**' 0.01 '*' 0.05 '.' 0.1 ' ' 1
```

这说明了月冰冻天数增加 1, 则当月浓缩橘子汁价格增加约 0.47%, 接下来第 1 月增加约 0.14%, 第 2 月增加约 0.06%, 第 3 月增加约 0.07%, 第 4 月增加约 0.04%, 第 5 月增加约 0.05%, 第 6 月增加约 0.05%. 换句话说, 这个变化的长期影响约为

$$0.47\% + 0.14\% + 0.06\% + 0.07\% + 0.04\% + 0.05\% + 0.05\% = 0.88\%$$

4.4 序列相关

在自回归模型 AR(p) 中, 如果施加外生性条件:

$$E(u_t \mid Y_{t-1}, Y_{t-2}, \cdots) = 0$$

那么, 对于任意 $j = 1, 2, \cdots$, 有

$$\begin{aligned} E(u_t \mid u_{t-j}) =& E(u_t \mid Y_{t-j} - \beta_0 - \beta_1 Y_{t-j-1} - \cdots - \beta_p Y_{t-j-p}) \\ =& E(u_t \mid Y_{t-j}) - \beta_0 - \beta_1 E(u_t \mid Y_{t-j-1}) - \cdots - \beta_p E(u_t \mid Y_{t-j-p}) \\ =& -\beta_0 \end{aligned}$$

即回归方程的误差项序列不相关:

$$\operatorname{cov}(u_t, u_{t-j}) = 0$$

但是, 对于 DL 模型, 误差项可能存在序列相关, 即存在某个 $j=1,2,\cdots$, 有

$$\mathrm{cov}(u_t, u_{t-j}) \neq 0$$

误差项序列相关虽然不影响系数估计量的一致性, 但影响统计推断的一致性, 即使使用异方差稳健标准误依然如此.

4.4.1 HAC 标准误

Newey 和 West (1987) 提出了异方差自相关一致 (heteroskedasticity and autocorrelation consistent, HAC) 标准误来解决这个问题, 其中的技术细节本书略去.

在前面的 DL 模型中, 我们应该使用 HAC 标准误. 它只需要将参数 vcov 的值设置为 vcovHAC.

```
coeftest(oj.DL6,vcov=vcovHAC)
```

```
##
## t test of coefficients:
##
##                Estimate Std. Error t value Pr(>|t|)
## (Intercept)     -0.6929     0.2124   -3.26  0.00117 **
## FDD              0.4714     0.1352    3.49  0.00053 ***
## L(FDD, 1:6)1     0.1450     0.0816    1.78  0.07589 .
## L(FDD, 1:6)2     0.0583     0.0589    0.99  0.32221
## L(FDD, 1:6)3     0.0742     0.0471    1.57  0.11611
## L(FDD, 1:6)4     0.0363     0.0293    1.24  0.21693
## L(FDD, 1:6)5     0.0488     0.0314    1.56  0.12027
## L(FDD, 1:6)6     0.0502     0.0451    1.11  0.26630
## ---
## Signif. codes:
## 0 '***' 0.001 '**' 0.01 '*' 0.05 '.' 0.1 ' ' 1
```

4.4.2 GLS 模型

对于一阶分布滞后模型 DL(1):

$$Y_t = \beta_0 + \beta_1 X_t + \beta_2 X_{t-1} + u_t \tag{4.5}$$

其中, 误差项为 AR(1) 过程:$u_t = \phi_1 u_{t-1} + \tilde{u}_t$.

令 $\tilde{Y}_t := Y_t - \phi_1 Y_{t-1}$ 且 $\tilde{X}_t := X_t - \phi_1 X_{t-1}$, 用式 (4.5) 减去 ϕ_1 再乘以式 (4.5), 得到

$$\tilde{Y}_t = \alpha_0 + \beta_1 \tilde{X}_t + \beta_2 \tilde{X}_{t-1} + \tilde{u}_t \tag{4.6}$$

用这个方程得到的估计量称为广义最小二乘法 (generalized least squares, GLS) 估计量. 在强外生性条件式 (4.4) 之下, 式 (4.6) 的解释变量是外生的, 且误差项序列不相关.

但问题是,ϕ_1 是未知的, 要得到一个 ϕ_1 的估计量 $\hat{\phi}_1$, 才能使该估计量成为可行广义最小二乘法 (feasible generalized least squares, FGLS) 估计量.

通常, 我们先对式 (4.5) 用普通最小二乘法求得残差项, 然后对残差项做 AR(1) 回归, 估计出 ϕ_1.

上面介绍的方法称为 Cochrane-Orcutt 法, 这是 FGLS 方法中的一种. 用 Cochrane-Orcutt 法估计的式 (4.5), 又可以用来再做一次 FGLS, 如此迭代下去, 直到 ϕ_1 的估计量收敛. 我们用 orcutt 包中的 cochrane.orcutt() 函数来估计这种无限迭代的 FGLS.

```
orcutt::cochrane.orcutt(dynlm(DLPOJ~FDD+L(FDD)))
```

```
## Cochrane-orcutt estimation for first order autocorrelation
##
## Call:
## dynlm(formula=DLPOJ~FDD+L(FDD))
##
##  number of interaction: 3
##  rho 0.09029
##
## Durbin-Watson statistic
## (original):     1.79557 , p-value: 5.706e-03
## (transformed): 1.96532 , p-value: 3.35e-01
##
##  coefficients:
## (Intercept)          FDD       L(FDD)
##     -0.5372       0.4648       0.1377
```

函数 cochrane.orcutt() 可以用参数 convergence 来给出迭代终止的小数点位数, 默认为 8; 也可以用参数 max.iter 来给定最大迭代次数, 但它只适合误差项为 AR(1) 的情况.

第 5 章　微观计量经济学

近年来, 由于大数据技术的兴起, 截面数据和面板数据比以前容易获取, 这就促使了微观计量经济学的发展. 微观计量经济学的研究目标主要是识别变量之间的因果关系.

本章的结构和例子主要参考 Wooldridge (2015)、Angrist 和 Pischke (2009) 等的文献.

5.1　受限因变量模型

各类受限因变量模型的共同特征是: 被解释变量 (因变量) 受到了限制, 要么是离散的, 要么是有上 (下) 限等.

5.1.1　二元选择模型

某变量如果只有两种取值, 我们称它为二元变量, 一般将其中一个赋值为 0, 另一个赋值为 1. 解释变量为二元变量并不会对模型造成重大影响. 但当被解释变量为二元变量时, 情况就变得更加复杂了, 称为二元选择模型.

妇女是选择去工作还是选择做全职家庭主妇, 这跟什么因素有关系? 这是劳动经济学关注的社会问题. 如果观察到某妇女在工作, 则被解释变量取值为 1, 否则取值为 0.

很自然, 我们可以使用普通最小二乘法来估计这类模型. 此时, 解释变量 X_i 对应的斜率系数可以理解为: 当其他解释变量不变, 且 X_i 增加一个单位时, 被解释变量 Y_i 成为 1 的概率的增加量. 在前面的例子中, 这个概率就是妇女选择去工作的概率, 也称为反应概率 (response probability).

反应概率与 X_i 是线性关系, 因此这种模型称为线性概率模型 (linear probability model, LPM):

$$\Pr(Y_i = 1 \mid X_{1i}, \cdots, X_{1k}) = \beta_0 + \beta_1 X_{1i} + \cdots + \beta_k X_{ki}$$

这里以 Wooldridge (2015) 的文献中的数据 mroz 为例, 该数据可以在 wooldridge 包中获取.

```
library(wooldridge)
data("mroz")
names(mroz)
```

```
## [1] "inlf"     "hours"    "kidslt6"  "kidsge6"
## [5] "age"      "educ"     "wage"     "repwage"
## [9] "hushrs"   "husage"   "huseduc"  "huswage"
## [13] "faminc"  "mtr"      "motheduc" "fatheduc"
## [17] "unem"    "city"     "exper"    "nwifeinc"
## [21] "lwage"   "expersq"
```

其中, 变量 infl 是该妇女是否在工作, 如果是则为 1, 否则为 0. 变量 nwifeinc 是该妇女家庭其他人年收入 (以千美元为单位). 变量 hours 是该妇女在 1975 年的工作小时. 其他变量见 wooldridge 包的说明.

```
mroz.lpm<-lm(inlf～nwifeinc+educ+exper+
                   I(exper^2)+age+kidslt6+kidsge6,data=mroz)
mroz.lpm
```

```
##
## Call:
## lm(formula=inlf～nwifeinc+educ+exper+I(exper^2)+age+
##     kidslt6+kidsge6, data=mroz)
##
## Coefficients:
## (Intercept)     nwifeinc         educ        exper
##    0.585519    -0.003405     0.037995     0.039492
##  I(exper^2)          age      kidslt6      kidsge6
##   -0.000596    -0.016091    -0.261810     0.013012
```

由 LPM 结果可知, 变量 nwifeinc 增加 1, 妇女在工作的概率降低约 0.0034.

1. Logit 和 Probit

LPM 是一个线性模型, 它的一个缺陷就是有可能出现超出 $[0,1]$ 区间的预测值. 这与其反应概率的解释是不相容的.

作为一个解决方案, 我们可以强行将反应概率设置在 $[0,1]$ 区间, 则反应概率一定是解释变量的非线性函数.

$$\Pr(Y_i = 1 \mid X_{1i}, \cdots, X_{1k}) = G(\beta_0 + \beta_1 X_{1i} + \cdots + \beta_k X_{ki})$$

如果:

$$G(z) = \frac{\mathrm{e}^z}{1+\mathrm{e}^z}$$

则称该模型为 Logit. 如果:

$$G(z) = \varPhi(z) = \int_{-\infty}^{z} (2\pi)^{-1/2} \mathrm{e}^{-v^2/2} \mathrm{d}v$$

其中, $\varPhi(\cdot)$ 为标准正态分布的累积分布函数. 那么, 称该模型为 Probit.

无论 Logit 还是 Probit, 其估计方法都是极大似然估计 (maximum likelihood estimate, MLE), 而不是普通最小二乘法. 这里不详细介绍该方法, 有兴趣的读者可以参看 Hayashi (2000) 的相关研究.

下面两段代码分别实现 Logit 和 Probit.

```
mroz.logit<-glm(inlf~nwifeinc+educ+exper+expersq+age+
                  kidslt6 + kidsge6,
                data=mroz,
                family=binomial(link="logit"))
lmtest::coeftest(mroz.logit,vcov=vcovHC)
```

```
##
## z test of coefficients:
##
##              Estimate Std. Error z value Pr(>|z|)
## (Intercept)  0.42545    0.87267    0.49   0.6259
## nwifeinc    -0.02135    0.00928   -2.30   0.0214 *
## educ         0.22117    0.04515    4.90   9.6e-07 ***
## exper        0.20587    0.03379    6.09   1.1e-09 ***
## expersq     -0.00315    0.00109   -2.89   0.0038 **
## age         -0.08802    0.01461   -6.03   1.7e-09 ***
## kidslt6     -1.44335    0.20668   -6.98   2.9e-12 ***
## kidsge6      0.06011    0.08119    0.74   0.4591
## ---
## Signif. codes:
## 0 '***' 0.001 '**' 0.01 '*' 0.05 '.' 0.1 ' ' 1
```

```
mroz.probit<-glm(inlf~nwifeinc+educ+exper+expersq+age+
    kidslt6+kidsge6,
  data=mroz,
  family=binomial(link="probit"))
lmtest::coeftest(mroz.probit,vcov=vcovHC)
```

```
##
## z test of coefficients:
##
##              Estimate  Std. Error z value Pr(>|z|)
## (Intercept)  0.270074   0.511840    0.53   0.5977
## nwifeinc    -0.012024   0.005677   -2.12   0.0342 *
## educ         0.130904   0.026597    4.92   8.6e-07 ***
## exper        0.123347   0.019705    6.26   3.9e-10 ***
## expersq     -0.001887   0.000638   -2.96   0.0031 **
## age         -0.052852   0.008435   -6.27   3.7e-10 ***
## kidslt6     -0.868325   0.118113   -7.35   2.0e-13 ***
## kidsge6      0.036006   0.047291    0.76   0.4464
```

```
## ---
## Signif. codes:
## 0 '***' 0.001 '**' 0.01 '*' 0.05 '.' 0.1 ' ' 1
```

2. 因果效应的估计

由 Logit 或 Probit 得到的系数并没有直观的解释. 下面要根据这些系数估计值来计算有经济意义的因果关系.

令 $g(z) := G'(z)$, 则:

$$\frac{\partial \Pr(Y=1 \mid X_1, \cdots, X_k)}{\partial X_j} = g(\hat{\beta}_0 + \hat{\beta}_1 X_1 + \cdots + \hat{\beta}_k X_k)\hat{\beta}_j$$

这说明, 某解释变量 X_j 增加一单位, 则反应概率增加 $g(\hat{\beta}_0 + \hat{\beta}_1 X_1 + \cdots + \hat{\beta}_k X_k)\hat{\beta}_j$. 因此, 关键在于估计出幅度因子 $g(\hat{\beta}_0 + \hat{\beta}_1 X_1 + \cdots + \hat{\beta}_k X_k)$. 但是,$X_1, \cdots, X_k$ 的取值有很多, 到底用哪一个呢? 这里有两种方案.

第一种方案是将每个解释变量取其样本均值. 第二种方案是对每次观察都估计出幅度因子, 然后求平均. 这两种方案都可以通过 mfx 宏包来求. 下面以 Logit 模型为例来说明.

```
library(mfx)
logitmfx(inlf~nwifeinc+educ+exper+expersq+age+
      kidslt6+kidsge6,
    data=mroz,
    atmean=T)
```

```
## Call:
## logitmfx(formula=inlf~nwifeinc+educ+exper+expersq+
##     age + kidslt6 + kidsge6, data=mroz, atmean=T)
##
## Marginal Effects:
##              dF/dx Std. Err.     z   P>|z|
## nwifeinc -0.005190  0.002048 -2.53   0.011 *
## educ      0.053777  0.010561  5.09 3.5e-07 ***
## exper     0.050057  0.007825  6.40 1.6e-10 ***
## expersq  -0.000767  0.000248 -3.10   0.002 **
## age      -0.021403  0.003540 -6.05 1.5e-09 ***
## kidslt6  -0.350950  0.049639 -7.07 1.5e-12 ***
## kidsge6   0.014616  0.018188  0.80   0.422
## ---
## Signif. codes:
## 0 '***' 0.001 '**' 0.01 '*' 0.05 '.' 0.1 ' ' 1
```

```
logitmfx(inlf~nwifeinc+educ+exper+expersq+age+
```

```
    kidslt6+kidsge6,
  data=mroz,
  atmean=F)
```

```
## Call:
## logitmfx(formula=inlf~nwifeinc+educ+exper+expersq+
##     age+kidslt6+kidsge6, data=mroz, atmean=F)
##
## Marginal Effects:
##               dF/dx Std. Err.     z   P>|z|
## nwifeinc -0.003812  0.001539 -2.48  0.0133 *
## educ      0.039497  0.008468  4.66 3.1e-06 ***
## exper     0.036764  0.006556  5.61 2.0e-08 ***
## expersq  -0.000563  0.000188 -3.00  0.0027 **
## age      -0.015719  0.002933 -5.36 8.3e-08 ***
## kidslt6  -0.257754  0.042635 -6.05 1.5e-09 ***
## kidsge6   0.010735  0.013391  0.80  0.4228
## ---
## Signif. codes:
## 0 '***' 0.001 '**' 0.01 '*' 0.05 '.' 0.1 ' ' 1
```

这说明, 由第一种方案算出的因果效应为: 某妇女的变量 nwifeinc 增加 1, 则她去工作的概率下降约 0.0038, 这与 LPM 的结果较为接近. 由第二种方案算出的该值约为 0.0052.

5.1.2 Possion 回归模型

有时候被解释变量是一个计数变量, 它取非负整数, 通常它可能取的数值不会太大. 例如, 一个妇女所生小孩的个数, 就是一个计数变量.

我们用 Poisson 回归模型来处理这类问题. 设解释变量的条件期望采取如下形式:

$$E(Y_i = 1 \mid X_{1i}, \cdots, X_{1k}) = \exp(\beta_0 + \beta_1 X_{1i} + \cdots + \beta_k X_{ki})$$

这保证了等式两边为正数. 两边取对数:

$$\ln[E(Y_i = 1 \mid X_{1i}, \cdots, X_{1k})] = \beta_0 + \beta_1 X_{1i} + \cdots + \beta_k X_{ki}$$

可见:

$$\beta_j = \frac{\partial \ln[E(Y_i = 1 \mid X_{1i}, \cdots, X_{1k})]}{\partial X_{ji}}$$

即 β_j 可以解释为, 解释变量 X_{ji} 增加 1 单位, 被解释变量增加 $100\beta_1/\%$.

Poisson回归模型的估计方法仍然是 MLE, 具体细节可以参见 Wooldridge (2015) 的文献中第 17 章.

wooldridge 包的 crime1 数据集是一个关于犯罪及监禁的横截面数据.

```
data("crime1",package="wooldridge")
names(crime1)
```

```
##  [1] "narr86"   "nfarr86"  "nparr86"  "pcnv"     "avgsen"
##  [6] "tottime"  "ptime86"  "qemp86"   "inc86"    "durat"
## [11] "black"    "hispan"   "born60"   "pcnvsq"   "pt86sq"
## [16] "inc86sq"
```

其中, 变量 narr86 代表的是某人在 1986 年被逮捕的次数. 而变量 pcnv 代表的是 1986 年之前被逮捕的次数中被定罪的比例. 逮捕次数的直方图如图 5.1 所示.

```
hist(crime1$narr86,breaks=20,col="steelblue")
```

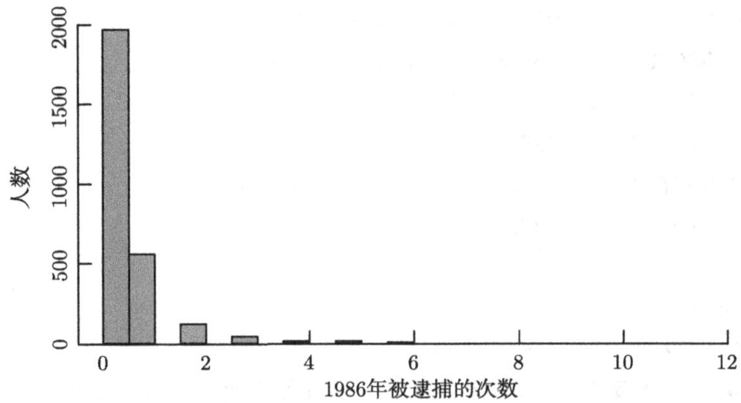

图 5.1　逮捕次数的直方图

我们研究变量 pcnv 对 narr86 的影响, 这其实是研究定罪的威慑作用.

```
crime1.possion<-glm(narr86~pcnv+avgsen+tottime+ptime86
              +qemp86+inc86+black+hispan+born60,
    data=crime1,
    family=poisson)
library(lmtest);library(sandwich)
coeftest(crime1.possion,vcov=vcovHC)
```

```
##
## z test of coefficients:
##
##             Estimate Std. Error z value Pr(>|z|)
## (Intercept) -0.59959    0.08964   -6.69  2.2e-11 ***
## pcnv        -0.40157    0.10172   -3.95  7.9e-05 ***
## avgsen      -0.02377    0.02504   -0.95     0.34
## tottime      0.02449    0.02191    1.12     0.26
## ptime86     -0.09856    0.02268   -4.35  1.4e-05 ***
```

```
## qemp86      -0.03802   0.03431  -1.11    0.27
## inc86       -0.00808   0.00123  -6.56  5.3e-11 ***
## black        0.66084   0.09992   6.61  3.7e-11 ***
## hispan       0.49981   0.09287   5.38  7.4e-08 ***
## born60      -0.05103   0.08157  -0.63    0.53
## ---
## Signif. codes:
## 0 '***' 0.001 '**' 0.01 '*' 0.05 '.' 0.1 ' ' 1
```

研究结果表明, 如果能将定罪概率增加 0.1, 则被逮捕次数将减少 4%.

5.1.3 Tobit 模型

在 5.1.1 节的例子中, 如果想研究变量 nwifeinc 对工作时间 hours 的影响, 会面临一个问题: 变量 hours 存在大量的值取 0, 这是因为很多妇女是不工作的. 由图 5.2 可知, 工作小时为零的比例很大.

```
hist(mroz$hours,breaks=20,col="steelblue")
```

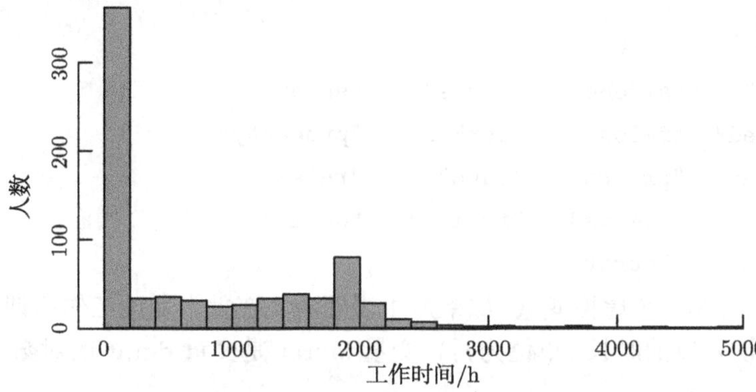

图 5.2 妇女工作小时的直方图

从微观经济学的角度看, 这些妇女的最优选择是角点解. 由 Wooldridge (2015) 的文献第 17 章的分析可知, 如果用普通最小二乘法来处理这个问题, 系数的估计会出现偏误. 与 5.1.1 节相似, 我们还是需要使用 MLE 来估计. 这类模型称为 Tobit 模型.

AER 包中有 tobit() 函数可以估计 Tobit 模型, 但它不能直接计算偏效应. 我们使用 censReg 包中的 censReg() 函数来估计它.

```
library(censReg)
mroz.censReg<-censReg(hours~nwifeinc+educ+exper+expersq+age
                          +kidslt6+kidsge6,
                        data=mroz)
```

censReg 包中的 margEff() 函数可以直接求得偏效应.

```
margEff(mroz.censReg)
```

```
## nwifeinc     educ    exper  expersq      age  kidslt6
##   -5.326   48.734   79.504   -1.127  -32.877 -540.257
##  kidsge6
##   -9.801
```

这就是说, 妇女的变量 nwifeinc 每增加 1, 则其年工作小时平均下降约 5.33.

Tobit 模型研究的是角点解问题. 另一种类似的情况是审查数据 (censored data). 数据调查者由于某种原因将某部分数据做了统一归类, 则这样的数据称为审查数据. 例如, 在调查年收入时, 最高一挡的收入选项可能是 "一百万元以上", 那么, 年收入为一百万元和五千万元的观察值是相同的.

审查数据也可以用 Tobit 模型来处理, 我们称它为审查回归 (censored regression), 但它们的经济学解释不同. 在 Tobit 模型中, 我们主要关注观察的解释变量值; 而在审查回归中, 我们主要观察隐含 (latent) 的被解释变量值, 这一点可以参看 Wooldridge (2010) 与 Wooldridge (2015) 的文献.

以 wooldridge 中的数据集 recid 为例.

```
data("recid",package="wooldridge")
names(recid)
```

```
##  [1] "black"    "alcohol"  "drugs"    "super"
##  [5] "married"  "felon"    "workprg"  "property"
##  [9] "person"   "priors"   "educ"     "rules"
## [13] "age"      "tserved"  "follow"   "durat"
## [17] "cens"     "ldurat"
```

其中, 变量 workprg 是一个虚拟变量, 如果为 1 表明犯人在狱中受过工作培训; 变量 durat 是犯人从释放到再次入狱的时长 (单位为月), 变量 ldurat 是变量 durat 的对数. 其他变量见数据说明.

我们想研究 workprg 对 ldurat 的影响, 即参加工作培训会使 durat 增加百分之多少. 但是, 有的犯人在观察期一直没有入狱, 这属于审查数据. 从图 5.3 来看, 审查的时间集中在 70~80 个月.

```
hist(recid$durat,breaks=20,col="steelblue")
```

由于审查的时长并不统一, 我们用 survival 包中的 survreg() 函数来做审查回归. 首先, 定义没有审查的虚拟变量 uncen.

```
recid<-transform(recid,uncens=(cens==0))
```

在 survreg() 函数中, 参数 dist="gaussian" 表示误差项设定为正态分布. 我们用 Surv() 函数来创建没有审查的被解释变量, 其中参数 type="right" 表示审查发生在该变量数值的右边, 即某个数以上.

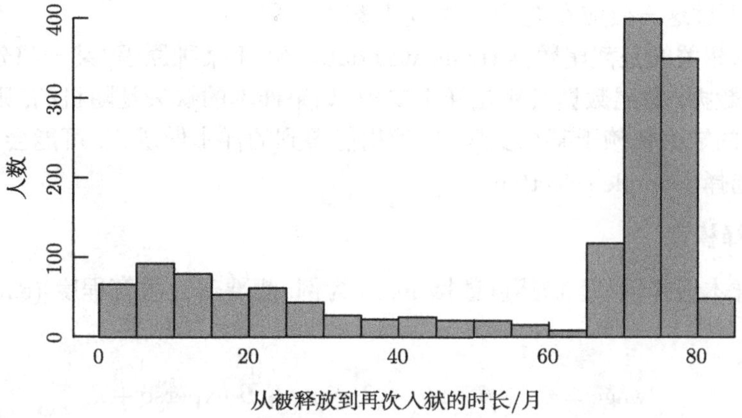

图 5.3 从被释放到再次入狱的时长直方图

```
library(survival)
recid.survreg<-survreg(Surv(ldurat,uncens,type="right")
                      ~workprg+priors+tserved+felon+alcohol
                      +drugs+black+married+educ+age,
                    data=recid,dist="gaussian")
coeftest(recid.survreg)
```

```
##
## z test of coefficients:
##
##              Estimate Std. Error z value Pr(>|z|)
## (Intercept)  4.099386   0.347535   11.80  < 2e-16 ***
## workprg     -0.062572   0.120037   -0.52   0.6022
## priors      -0.137253   0.021459   -6.40  1.6e-10 ***
## tserved     -0.019331   0.002978   -6.49  8.5e-11 ***
## felon        0.443995   0.145087    3.06   0.0022 **
## alcohol     -0.634909   0.144217   -4.40  1.1e-05 ***
## drugs       -0.298160   0.132736   -2.25   0.0247 *
## black       -0.542718   0.117443   -4.62  3.8e-06 ***
## married      0.340684   0.139843    2.44   0.0148 *
## educ         0.022920   0.025397    0.90   0.3668
## age          0.003910   0.000606    6.45  1.1e-10 ***
## Log(scale)   0.593586   0.034412   17.25  < 2e-16 ***
## ---
## Signif. codes:
## 0 '***' 0.001 '**' 0.01 '*' 0.05 '.' 0.1 ' ' 1
```

结果表明, 在狱中参加工作培训的犯人, 被释放后再次入狱的时长比没有参加培训的犯人要短 6.25%, 不过这一效应在统计上并不显著.

与审查数据相关的是截尾数据 (truncated data). 由于某种原因, 某一部分数据完全看不到, 这称为截尾数据. 截尾数据其实是样本缺失, 如果样本的缺失是随机的, 则对研究影响不大. 但如果样本的缺失依赖于某个变量, 则使用能得到的样本做研究, 可能会出现偏误. 这种情形称为样本选择 (sample selection).

5.1.4　样本选择模型

本节讨论样本选择模型. 仍然以数据 mroz 为例, 想要研究教育程度 (educ) 对工资对数 (lwage) 的影响.

$$\text{lwage} = \beta_0 + \beta_1\text{educ} + \beta_2\text{exper} + \beta_3\text{expersq} + u$$

```
mroz.lm<-lm(lwage~educ+exper+expersq,data=mroz)
coef(mroz.lm)
```

```
## (Intercept)        educ       exper     expersq
##  -0.5220406   0.1074896   0.0415665  -0.0008112
```

但是, 所有 753 个妇女中只有 428 个能观察到工资的数据, 而其他人之所以没有被观察到工资数据, 是因为她们没有去工作. 这并不是随机的, 而是她们主动选择的结果. 这些妇女是否在工作, 由以下回归方程决定:

$$\begin{aligned}\text{inlf} =& \gamma_0 + \gamma_1\text{educ} + \gamma_2\text{exper} + \gamma_3\text{expersq} \\ &+ \gamma_4\text{nwifeinc} + \gamma_5\text{age} + \gamma_6\text{kidslt6} + \gamma_7\text{kidsge6}\end{aligned}$$

根据 Heckman (1976) 的研究, 设原模型为

$$Y = \beta_0 + \beta_1 X_1 + \cdots + \beta_k X_k + u$$

令 $s=1$ 表示 Y 能被观察到, 而 $s=0$ 表示 Y 不能被观察到. 而且:

$$s = \begin{cases} 1, & \gamma_0 + \gamma_1 Z_1 + \cdots + \gamma_m Z_m + v \geqslant 0 \\ 0, & \gamma_0 + \gamma_1 Z_1 + \cdots + \gamma_m Z_m + v < 0 \end{cases}$$

其中, 变量 $X_1, \cdots, X_m$ 是变量 $Z_1, \cdots, Z_m$ 的真子集.

Heckman (1976) 提出了 Heckman 两步法来估计这个模型.

(1) 对所有的观察值, 用 s 对 $Z_1, \cdots, Z_m$ 做一个 Probit 模型, 得到所有的系数估计值 $\hat{\gamma}_0, \hat{\gamma}_1, \cdots, \hat{\gamma}_m$. 求得反米尔斯比 (inverse Mills ratio), 即

$$\hat{\lambda} = \frac{\phi(\hat{\gamma}_0 + \hat{\gamma}_1 Z_1 + \cdots + \hat{\gamma}_m Z_m)}{\Phi(\hat{\gamma}_0 + \hat{\gamma}_1 Z_1 + \cdots + \hat{\gamma}_m Z_m)}$$

其中, 函数 $\phi(\cdot)$ 和 $\Phi(\cdot)$ 分别是标准正态分布的概率密度函数和累积分布函数.

(2) 对选择样本, 即 $s=1$ 的那些样本, 用 Y 对 $X_1, \cdots, X_k$ 和 $\hat{\lambda}$ 执行普通最小二乘法, 得到的系数 $\hat{\beta}_j$ 是一致且渐进正态分布的.

我们用 sampleSelection 的函数 heckit() 来实现 Heckman 两步法.

```
library(sampleSelection)
mroz.heckit<-heckit(inlf~educ+exper+expersq
                    +nwifeinc+age+kidslt6+kidsge6,
                    lwage~educ+exper+expersq,
                    method="2step",
                    data=mroz)
coef(mroz.heckit)
```

```
## S:(Intercept)        S:educ        S:exper
##      0.270077      0.130905       0.123348
##     S:expersq    S:nwifeinc          S:age
##     -0.001887     -0.012024      -0.052853
##     S:kidslt6     S:kidsge6 O:(Intercept)
##     -0.868329      0.036005      -0.578103
##        O:educ       O:exper      O:expersq
##      0.109066      0.043887      -0.000859
## invMillsRatio         sigma            rho
##      0.032262      0.663629       0.048614
```

研究结果表明, 教育每增加一年, 则工资增加约 10.9%. 这个结果与普通最小二乘法的结果相差不大.

5.2 匹配方法

在现代微观计量经济学中, 因果效应识别成为人们关注的重中之重. Rubin (1973) 认为, 因果效应必须从一个处理 (treatment) 过程中来识别. 设 Y_{i1} 为个体 i 接受处理的潜在结果, 而 Y_{i0} 为其不接受处理的潜在结果. 个体 i 的处理效应定义为

$$\tau_i := Y_{i1} - Y_{i0}$$

在观察数据甚至实验数据中, 对于同一个个体 i, 我们只能看到 Y_{i1} 或 Y_{i0}, 但不可能同时观察到二者. 但是, 如果对于处理的分配是随机的, 我们能估计出平均的处理效应.

设处理指示变量为

$$D_i := \begin{cases} 1, & \text{个体 } i \text{ 接受处理} \\ 0, & \text{个体 } i \text{ 不接受处理} \end{cases}$$

那些 $D_i = 1$ 的个体属于处理组, 而 $D_i = 0$ 的个体属于对照组.

总体的平均处理效应 (average treatment effect, ATE) 定义为

$$\text{ATE} := E(Y_{i1}) - E(Y_{i0})$$

由于处理组和对照组的分布可能不一样, 有时候我们更关注处理组的处理效应 (average treatment effect of treated, ATT):

$$\text{ATT} := E(Y_{i1} \mid D_i = 1) - E(Y_{i0} \mid D_i = 1)$$

5.2.1 协变量匹配

在观察数据中, 处理指示变量 D_i 不太可能是随机的. 这时候可以根据协变量将观察值配对, 对每对数据求处理效应, 加权平均求出 ATE 或 ATT. 但这种方法只适合协变量取值较少的情形.

在协变量取值较多或者有协变量连续取值时, 不太可能找到足够多的可以比较的观察值配对. 此时, 我们可以根据协变量来定义观察值之间的距离, 经常用到的是马氏距离 (Mahalanobis distance). 将距离较近的观察值进行比较, 加权平均得到 ATE 或 ATT.

```
library(Matching)
data(lalonde)
names(lalonde)
```

```
##  [1] "age"     "educ"    "black"   "hisp"    "married"
##  [6] "nodegr"  "re74"    "re75"    "re78"    "u74"
## [11] "u75"     "treat"
```

其中, 变量 re78 为 1978 年实际收入, 变量 treat 为处理指示变量. 其他变量的说明可参看说明文档.

```
attach(lalonde)
data.X<-data.frame(age,educ,black,hisp,married,nodegr)
covariates<-as.matrix(data.X)
matching.co1<-Match(Y=lalonde$re78,
       Tr=lalonde$treat,
       X=covariates,
       estimand="ATT")
summary(matching.co1)
```

```
##
## Estimate...  2146.7
## AI SE......  764.72
## T-stat.....  2.8072
## p.val......  0.0049977
##
## Original number of observations..............  445
## Original number of treated obs...............  185
## Matched number of observations...............  185
## Matched number of observations  (unweighted).  401
```

```
matching.co2<-Match(Y=lalonde$re78,
      Tr=lalonde$treat,
      X=covariates,
      estimand="ATE")
summary(matching.co2)
```

```
##
## Estimate...  1716.1
## AI SE......  706.76
## T-stat.....  2.4281
## p.val......  0.01518
##
## Original number of observations..............  445
## Original number of treated obs...............  185
## Matched number of observations...............  445
## Matched number of observations  (unweighted).  841
```

```
detach(lalonde)
```

由结果可知, 平均处理效应为 1716.1, 即培训使年收入上升 1716.1 美元, 而处理组的平均处理效应更大, 为 2146.7.

5.2.2 倾向得分匹配

当某协变量连续取值的时候, 协变量匹配的估计量就会产生偏误. 此时, 我们可以使用另一种匹配方法, 即 Rosenbaum 和 Rubin (1983) 提出的倾向得分匹配 (propensity score matching, PSM). 他们建议按照个体被处理的概率进行配对. 那么倾向得分匹配一般需要两个步骤.

(1) 用处理指示变量对协变量做 Logit 或 Probit 回归, 保存其拟合值, 即拟合的被处理概率.

(2) 将该拟合值作为协变量, 使用匹配方法求得 ATT 或 ATE.

```
glm.ps<-glm(treat~age+educ+black+hisp+married+nodegr,
          family=binomial,
          data=lalonde)
matching.ps1<-Match(Y=lalonde$re78,
          Tr=lalonde$treat,
          X=glm.ps$fitted,
          estimand="ATT")
summary(matching.ps1)
```

```
##
## Estimate...  2302
```

```
## AI SE......  764.97
## T-stat.....  3.0093
## p.val......  0.0026187
##
## Original number of observations..............  445
## Original number of treated obs...............  185
## Matched number of observations...............  185
## Matched number of observations  (unweighted).  492
```

```
matching.ps2<-Match(Y=lalonde$re78,
              Tr=lalonde$treat,
              X=glm.ps$fitted,
              estimand="ATE")
summary(matching.ps2)
```

```
##
## Estimate...  1828.6
## AI SE......  685.25
## T-stat.....  2.6685
## p.val......  0.007619
##
## Original number of observations..............  445
## Original number of treated obs...............  185
## Matched number of observations...............  445
## Matched number of observations  (unweighted).  985
```

从倾向得分匹配的结果可知, 平均处理效应为 1828.6, 即培训使年收入上升 1828.6 美元, 而处理组的平均处理效应更大, 为 2302.

5.3 工具变量

工具变量是解决内生性问题的重要方法. 设我们要研究的回归方程是

$$Y = \beta_0 + \beta_1 X_1 + \beta_2 X_2 + u \tag{5.1}$$

如果 $\text{cov}(X_1, u) \neq 0$, 则 X_1 为内生变量, 这会导致普通最小二乘法系数估计量失去一致性.

5.3.1 两阶段最小二乘法

为了解决内生性问题, 我们引入工具变量 Z_1, 它满足以下两个条件.

(1) 工具变量与误差项不相关, 即 $\text{cov}(Z_1, u) = 0$.

(2) 工具变量与内生变量相关, 即 $\text{cov}(Z_1, X_1) \neq 0$.

在引入工具变量之后, 我们用两阶段最小二乘法 (two-stage least squares, TSLS) 来估计式 (5.1), 分为两个步骤.

(1) 内生变量 X_1 对外生变量 X_2 与工具变量 Z_1 回归, 保留其拟合值 $\hat{X}_1$.

(2) 在式 (5.1) 中, 以 $\hat{X}_1$ 代替 X_1, 回归得到的系数估计值 $\hat{\beta}_1$ 是一致且渐进正态分布的.

虽然称为两阶段最小二乘法, 但实践中并不建议按照这两个步骤来做, 而是用一体化的命令, 如 AER 包中的 ivreg() 函数.

这里仍然以 mroz 数据集为例, 研究教育程度 (educ) 对工资的对数 (lwage) 的影响. 一般认为, 教育程度与能力相关, 但能力不可观察, 包含在误差项中. 因此, 教育程度有内生性.

为了解决内生性问题, 我们引入工具变量: 父亲的教育程度 (fatheduc). 如果能力完全是独立的, 则父亲的教育程度与子女的教育程度无关, 但与子女的教育程度相关. 这满足了工具变量的两个条件.

```
library(AER)
mroz.ols2<-lm(lwage~educ+exper+expersq,
                    data=mroz)
coeftest(mroz.ols2,vcov=vcovHC)

##
## t test of coefficients:
##
##                Estimate Std. Error t value Pr(>|t|)
## (Intercept) -0.522041   0.203500   -2.57   0.0107 *
## educ         0.107490   0.013335    8.06  7.8e-15 ***
## exper        0.041567   0.015478    2.69   0.0075 **
## expersq     -0.000811   0.000428   -1.89   0.0589 .
## ---
## Signif. codes:
## 0 '***' 0.001 '**' 0.01 '*' 0.05 '.' 0.1 ' ' 1

mroz.iv1<-ivreg(lwage~educ+exper+expersq
                   |fatheduc+exper+expersq,
                   data=mroz)
coeftest(mroz.iv1,vcov=vcovHC)

##
## t test of coefficients:
##
##                Estimate Std. Error t value Pr(>|t|)
## (Intercept) -0.061117   0.463167   -0.13   0.8951
## educ         0.070226   0.036358    1.93   0.0541 .
## exper        0.043672   0.015791    2.77   0.0059 **
```

```
## expersq     -0.000882   0.000440   -2.00   0.0457 *
## ---
## Signif. codes:
## 0 '***' 0.001 '**' 0.01 '*' 0.05 '.' 0.1 ' ' 1
```

如果能找到更多的工具变量, 也可以加进来. 在本例中, 我们再加入母亲的教育程度 (motheduc). 估计方法仍然是 TSLS.

```
mroz.iv2<-ivreg(lwage~educ+exper+expersq
                |fatheduc+motheduc+exper+expersq,
                data=mroz)
coeftest(mroz.iv2,vcov=vcovHC)
```

```
##
## t test of coefficients:
##
##               Estimate Std. Error t value Pr(>|t|)
## (Intercept)  0.048100   0.433780    0.11   0.9118
## educ         0.061397   0.033660    1.82   0.0689 .
## exper        0.044170   0.015766    2.80   0.0053 **
## expersq     -0.000899   0.000439   -2.05   0.0412 *
## ---
## Signif. codes:
## 0 '***' 0.001 '**' 0.01 '*' 0.05 '.' 0.1 ' ' 1
```

综合上述内容, 用普通最小二乘法得到的教育的回报为 10%, 即教育程度每增加一年, 则工资上升 10%. 而用 TSLS 得到的这一数字下降为 7% 甚至 6%.

5.3.2 三种检验

1. **内生性检验**

我们首先检验内生性是否真的存在. 如果不存在, 则没有使用工具变量的必要. 这个检验分为两个步骤.

(1) 将疑似内生变量 X_1 对所有外生变量 (包含工具变量和原方程中的外生变量) 做回归, 保留其残差 $\hat{v}$.

(2) 将 $\hat{v}$ 加入结构方程作为一个新增的解释变量, 对该新结构方程做回归, 检验 $\hat{v}$ 的显著性. 如果显著异于零, 则 X_1 是内生的.

```
endotest1<-lm(educ~exper+expersq+motheduc+fatheduc,
              data=mroz[mroz$inlf>0,])
hatv<-resid(endotest1)
endotest2<-lm(lwage~educ+exper+expersq+hatv,
              data=mroz[mroz$inlf>0,])
```

```
coeftest(endotest2,vcov=vcovHC)
```

```
##
## t test of coefficients:
##
##              Estimate Std. Error t value Pr(>|t|)
## (Intercept)  0.048100   0.426467    0.11   0.9103
## educ         0.061397   0.033012    1.86   0.0636 .
## exper        0.044170   0.015341    2.88   0.0042 **
## expersq     -0.000899   0.000424   -2.12   0.0345 *
## hatv         0.058167   0.036876    1.58   0.1155
## ---
## Signif. codes:
## 0 '***' 0.001 '**' 0.01 '*' 0.05 '.' 0.1 ' ' 1
```

由上可知, 在显著性水平 10% 下不拒绝原假设, 即原结构方程不存在内生性.

2. 过度识别约束检验

如果只有一个工具变量, 我们无法检验它的外生性. 但如果有多个工具变量, 可以检验是否所有的工具变量都是外生的, 步骤如下.

(1) 用两阶段最小二乘法估计出结构方程, 并保留残差 $\hat{u}_1$.

(2) 将 $\hat{u}_1$ 对所有外生变量 (包含工具变量和原方程中的外生变量) 做回归, 得到其决定系数 R_1^2.

(3) 在所有工具变量都是外生的原假设下, 有 $nR_1^2 \overset{a}{\sim} \chi_q^2$, 其中 q 为工具变量数减去内生变量数.

```
resid.iv2<-resid(mroz.iv2)
ort.ols<-lm(resid.iv2~exper+expersq+motheduc+fatheduc,
            data=mroz[mroz$inlf>0,])
ort.stat<-nobs(ort.ols)*summary(ort.ols)$r.squared
(ort.pval<-1-pchisq(ort.stat,1))
```

```
## [1] 0.5386
```

由上可知, 在 10% 的显著性水平下, 我们不拒绝原假设, 即所有工具变量都为外生的.

3. 弱工具变量检验

当工具变量与内生变量弱相关时, 则称该工具变量为弱工具变量 (weak instrument). 此时, 即使在大样本的情形下,TSLS 估计量也不服从正态分布.

检验弱工具变量有一个拇指法则: 在 TSLS 的第一阶段回归中, 检验所有工具变量系数同时为零的原假设. F 统计量如果小于 10, 则不拒绝原假设; 否则拒绝原假设.

```
iv.stage1<-lm(educ~exper+expersq+motheduc+fatheduc,
              data=mroz[mroz$inlf>0,])
```

```
linearHypothesis(iv.stage1,
                 c("motheduc=0","fatheduc=0"),
                 vcov=vcovHC)

## Linear hypothesis test
##
## Hypothesis:
## motheduc=0
## fatheduc=0
##
## Model 1: restricted model
## Model 2: educ ~ exper + expersq + motheduc + fatheduc
##
## Note: Coefficient covariance matrix supplied.
##
##   Res.Df Df    F Pr(>F)
## 1    425
## 2    423  2 48.6 <2e-16 ***
## ---
## Signif. codes:
## 0 '***' 0.001 '**' 0.01 '*' 0.05 '.' 0.1 ' ' 1
```

因为 F 统计量为 48.6, 远远大于 10, 拒绝弱工具变量的原假设.

5.4 面板数据

面板数据包含了 n 个个体 T 期的观察值. 解释变量和被解释变量的组合可以描述为 (X_{it}, Y_{it}), 其中 $i=1,2,\cdots,n$ 表示个体,$t=1,2,\cdots,T$ 表示时间. 面板数据大大增加了样本容量.

为简单, 设只有一个解释变量, 则该面板数据模型为

$$Y_{it} = \beta_0 + \beta_1 X_{it} + a_i + u_{it} \tag{5.2}$$

满足外生性条件:

$$\text{cov}(X_{it}, u_{it}) = 0$$

其中, a_i 为个体 i 的不随时间变化且不可观察的变量, 因此它的下标没有 t.

wooldridge 包中的 wagepan 数据包含了 44 个变量的 4360 个观察值, 研究的是工资.

```
data("wagepan",package="wooldridge")
names(wagepan)
```

```
##  [1] "nr"       "year"     "agric"    "black"
##  [5] "bus"      "construc" "ent"      "exper"
##  [9] "fin"      "hisp"     "poorhlth" "hours"
## [13] "manuf"    "married"  "min"      "nrthcen"
## [17] "nrtheast" "occ1"     "occ2"     "occ3"
## [21] "occ4"     "occ5"     "occ6"     "occ7"
## [25] "occ8"     "occ9"     "per"      "pro"
## [29] "pub"      "rur"      "south"    "educ"
## [33] "tra"      "trad"     "union"    "lwage"
## [37] "d81"      "d82"      "d83"      "d84"
## [41] "d85"      "d86"      "d87"      "expersq"
```

其中, nr 代表个体指示变量; year 代表时间变量; lwage 代表工资对数; educ 代表教育程度. 其他变量可参看 wooldridge 包的说明文档.

我们用 plm 包中的 pdata.frame() 命令将其定义为一个面板数据.

```
library(plm)
wagepan.pd<-pdata.frame(wagepan,index=c("nr","year"))
```

5.4.1 随机效应模型

对于面板数据, 最简单的处理方法就是对所有数据执行普通最小二乘法. 因为 α_i 不可观察, 所以将其纳入误差项中. 这需要增加一个外生性条件:

$$\operatorname{cov}(a_i, X_{it}) = 0 \tag{5.3}$$

这种方法称为面板数据的混合普通最小二乘法 (pooled OLS).

```
po.model<-plm(lwage~educ+black+hisp
              +exper+expersq+married+union,
              model="pooling",
              data=wagepan.pd)
lmtest::coeftest(po.model,vcov=vcovHC)
```

```
##
## t test of coefficients:
##
##              Estimate Std. Error t value Pr(>|t|)
## (Intercept) -0.034706   0.119897   -0.29   0.7722
## educ         0.099388   0.009192   10.81  < 2e-16 ***
## black       -0.143842   0.050025   -2.88   0.0041 **
## hisp         0.015698   0.039131    0.40   0.6883
## exper        0.089179   0.012422    7.18  8.2e-13 ***
```

```
## expersq     -0.002849   0.000869   -3.28   0.0011 **
## married      0.107666   0.026036    4.14  3.6e-05 ***
## union        0.180073   0.027533    6.54  6.8e-11 ***
## ---
## Signif. codes:
## 0 '***' 0.001 '**' 0.01 '*' 0.05 '.' 0.1 ' ' 1
```

但是, 这个模型存在新的问题. 设新的误差项为 $v_{it} := \alpha_i + u_{it}$. 那么, 对于同一个个体的不同时期观察值, 有

$$\begin{aligned}\text{cov}(v_{it}, v_{is}) =& \text{cov}(a_i + u_{it}, a_i + u_{it}) \\ =& \sigma_a^2 + \sigma_u^2 > 0\end{aligned}$$

其中,σ_α^2 为 α_i 的方差; σ_u^2 为 u_{it} 的方差. 这说明了新的误差项存在序列相关问题.

处理序列相关问题的传统方案是广义最小二乘法. 令

$$\lambda := 1 - \left(\frac{\sigma_u^2}{\sigma_u^2 + T\sigma_a^2}\right)^{1/2}$$

我们考虑以下转换回归方程:

$$Y_{it} - \lambda \bar{Y}_i = \beta_0(1-\lambda) + \beta_1(X_{it} - \lambda \bar{X}_i) + a_i + (v_{it} - \lambda \bar{v}_i) \tag{5.4}$$

其中, $\bar{Y}_i := \dfrac{1}{T}\sum\limits_{t=1}^{T} Y_{it}$ 为个体 i 在时间维度上的平均值; $\bar{X}_i$、$\bar{v}_i$ 的定义也类似.

在合适的条件下, 可以证明, 式 (5.4) 已经消除了序列相关问题. 在找到 λ、σ_u^2、σ_a^2 的合适的估计值之后, 式 (5.4) 中的混合普通最小二乘法系数估计值满足一致性.

上述方法是一种可行广义最小二乘法, 在面板数据的文献中一般称为随机效应 (random effects) 模型.

```
re.model<-plm(lwage~educ+black+hisp
              +exper+expersq+married+union,
              model='random',
              data=wagepan.pd)
lmtest::coeftest(re.model,vcov=vcovHC)
```

```
##
## t test of coefficients:
##
##              Estimate Std. Error t value Pr(>|t|)
## (Intercept) -0.107464   0.114963   -0.93  0.34996
## educ         0.101225   0.008875   11.41  < 2e-16 ***
## black       -0.144131   0.050256   -2.87  0.00415 **
## hisp         0.020151   0.039861    0.51  0.61321
```

```
## exper         0.112119   0.010529   10.65  < 2e-16 ***
## expersq      -0.004069   0.000674   -6.04  1.7e-09 ***
## married       0.062795   0.018964    3.31  0.00094 ***
## union         0.107379   0.020866    5.15  2.8e-07 ***
## ---
## Signif. codes:
## 0 '***' 0.001 '**' 0.01 '*' 0.05 '.' 0.1 ' ' 1
```

5.4.2 固定效应模型

随机效应估计法依赖于外生性假设即式 (5.3), 而这个假设在很多情形下并不成立. 实践中用得更多的是固定效应 (fixed effects) 模型.

我们将式 (5.2) 在时间维度上取平均, 得到

$$\bar{Y}_i = \beta_0 + \beta_1 \bar{X}_i + a_i + \bar{u}_i \tag{5.5}$$

用式 (5.2) 减去式 (5.5), 得到

$$Y_{it} - \bar{Y}_i = \beta_1 (X_{it} - \bar{X}_i) + (u_{it} - \bar{u}_i)$$

这样, 个体随时间不变的变量 a_i 就消除了, 那么, 即使式 (5.2) 不成立, 内生性也不再存在. 作为一个副效应, 截距项及其他随时间不变的变量也消除了.

固定效应模型还有另一种表达形式. 在式 (5.2) 中, 我们将 a_i 视为每个个体的截距的一部分. 这样该方程可以写成

$$Y_{it} = \alpha_i + \beta_1 X_{it} + u_{it} \tag{5.6}$$

其中, 个体 i 的截距为 $\alpha_i := \beta_0 + a_i$. 而且, 式 (5.6) 还可以写成

$$Y_{it} = \beta_0 + \gamma_2 D_{2i} + \gamma_3 D_{3i} + \cdots + \gamma_n D_{ni} + \beta_1 X_{it} + u_{it} \tag{5.7}$$

其中,D_{2i} 是序号为 2 的个体的虚拟变量, 如果 $i = 2$ 则 $D_{2i} = 1$, 否则为 0. 其他虚拟变量也类似定义.

```
fe.model<-plm(lwage~educ+black+hisp
              +exper+expersq+married+union,
              model='within',
              data=wagepan.pd)
lmtest::coeftest(fe.model,vcov=vcovHC)
```

```
##
## t test of coefficients:
##
##          Estimate Std. Error t value Pr(>|t|)
```

```
## exper     0.116847   0.010698   10.92  < 2e-16 ***
## expersq -0.004301   0.000685   -6.28  3.8e-10 ***
## married  0.045303   0.020975    2.16  0.03085 *
## union    0.082087   0.022795    3.60  0.00032 ***
## ---
## Signif. codes:
## 0 '***' 0.001 '**' 0.01 '*' 0.05 '.' 0.1 ' ' 1
```

如果要看个体固定效应的估计值, 可以使用 fixef() 函数.

```
fixed.effects<-fixef(fe.model)
head(fixed.effects,20)
```

```
##     13     17     18     45    110    120    126
## 0.8293 1.0259 1.3772 1.2575 1.3623 0.9431 1.4871
##    150    162    166    189    193    209    212
## 0.5631 0.9722 0.8409 0.8948 1.6849 1.2835 1.5367
##    218    243    259    260    309    351
## 1.9353 1.0338 1.0544 1.4935 1.6288 0.9351
```

有时候, 还可以在式 (5.7) 中加入表示时间的虚拟变量, 以消除时间固定效应. 这需要在 plm() 函数中设置参数 effect="twoways".

```
twoways.model<-plm(lwage~educ+black+hisp
                   +exper+expersq+married+union,
                   effect="twoways",
                   model="within",
                   data=wagepan.pd)
lmtest::coeftest(twoways.model,vcov=vcovHC)
```

```
##
## t test of coefficients:
##
##          Estimate Std. Error t value Pr(>|t|)
## expersq -0.005185   0.000809   -6.41  1.6e-10 ***
## married  0.046680   0.020960    2.23  0.02600 *
## union    0.080002   0.022696    3.52  0.00043 ***
## ---
## Signif. codes:
## 0 '***' 0.001 '**' 0.01 '*' 0.05 '.' 0.1 ' ' 1
```

如果要看时间固定效应的估计值, 可以使用 fixef() 函数.

```
(time.effects<-fixef(twoways.model,effect="time"))
```

```
## 1980 1981 1982 1983 1984 1985 1986 1987
## 1.426 1.577 1.679 1.780 1.916 2.044 2.192 2.351
```

1. 一阶差分估计量

有时候, 我们用一阶差分方法也可以消除个体固定效应 a_i. 对于式 (5.2), 我们用第 t 期的式子减去第 $t-1$ 期的式子, 得到

$$\Delta Y_{it} = \beta_1 \Delta X_{it} + \Delta u_{it} \tag{5.8}$$

这个方程能用到的是 $n \times (T-1)$ 的面板数据. 再使用混合最小二乘法, 得到的估计量称为一阶差分 (first differencing, FD) 估计量.

```
fd.model<-plm(lwage~educ+black+hisp
                 +exper+expersq+married+union,
                 model="fd",
                 data=wagepan.pd)
lmtest::coeftest(fd.model,vcov=vcovHC)
##
## t test of coefficients:
##
##              Estimate Std. Error t value Pr(>|t|)
## (Intercept)  0.115750   0.014380    8.05  1.1e-15 ***
## expersq     -0.003882   0.000942   -4.12  3.8e-05 ***
## married      0.038138   0.024207    1.58    0.115
## union        0.042788   0.021977    1.95    0.052 .
## ---
## Signif. codes:
## 0 '***' 0.001 '**' 0.01 '*' 0.05 '.' 0.1 ' ' 1
```

2. Hausman 检验

固定效应模型的一个缺陷是不能估计随时间不变的变量的因果效应, 而随机效应模型的主要缺陷是依赖一个不切实际的外生性假设. 那么, 到底该用哪种模型呢? 我们可以使用 Hausman 检验来判断.

Hausman 检验的想法是, 如果式 (5.3) 成立 (原假设), 则固定效应模型估计量和随机效应模型估计量应该相差不大, 那么构建一个衡量它们距离的统计量称为 Hausman 统计量, 具体内容可以参看 Wooldridge (2010) 的文献. 如果原假设成立, 则 Hausman 统计量渐进服从 χ^2_q 分布, 其中 q 为固定效应模型的系数个数.

```
hausman<-phtest(re.model, fe.model)
hausman$statistic
```

```
## chisq
## 31.45
```

```
hausman$p.value
```

```
## [1] 2.476e-06
```

从 Hausman 检验可以看出, 其 p 值较小, 拒绝原假设, 那么使用固定效应模型更为合适.

5.4.3 动态面板模型

有的面板数据模型包含了被解释变量的滞后值, 这称为动态面板模型. 最简单的情形如下:

$$Y_{it} = \beta_0 + \beta_1 Y_{i,t-1} + a_i + u_{it} \tag{5.9}$$

我们用一阶差分法消除个体固定效应 a_i, 得到

$$\Delta Y_{it} = \beta_1 \Delta Y_{i,t-1} + \Delta u_{it} \tag{5.10}$$

但是, 式 (5.10) 中的误差项 Δu_{it} 与解释变量 $\Delta Y_{i,t-1}$ 是相关的, 这可能会引入内生性. 我们用广义矩法 (generalized method of moments, GMM) 来解决这个问题. 广义矩法是工具变量法的一个推广, 对它的介绍可以参看 Hayashi (2000) 的文献.

Arellano 和 Bond (1991) 建议用如下的方法寻找工具变量. 该模型的有效数据从第 3 期开始. 在第 3 期, 由于 Y_{i1} 与 ΔY_{i2} 相关, 但与 Δu_{i3} 不相关, 它可以作为第 3 期工具变量. 在第 4 期, 由于 Y_{i1}、Y_{i2} 与 ΔY_{i3} 相关, 但与 Δu_{i3} 不相关, 它可以作为第 4 期的工具变量, 等等.

plm 包中数据集 EmplUK 是英国 1976~1984 年关于就业与工资的一个面板数据.

```
data("EmplUK", package="plm")
names(EmplUK)
```

```
## [1] "firm"    "year"    "sector"  "emp"     "wage"
## [6] "capital" "output"
```

其中, 变量 emp 代表就业率; 变量 wage 代表工资; 变量 capital 代表资本存量.

我们研究工资与资本存量对就业率的影响, 其中解释变量还包含就业率的两期滞后值, 以及工资的一期滞后值.

plm 包中的 pgmm() 函数可以实现这个方法. 其中工具变量部分 lag(log(emp), 2:99) 表示的是 emp 对数的从 2 阶开始的所有滞后值.

```
ab.gmm <- pgmm(log(emp) ~ lag(log(emp), 1:2) +
                  +lag(log(wage), 0:1)+ log(capital)
                  +lag(log(output), 0:1) |
                   lag(log(emp), 2:99),
              data=EmplUK,
              effect="twoways",
```

```
                model="twosteps")
coef(summary(ab.gmm, robust=TRUE))
```

```
##                          Estimate Std. Error z-value
## lag(log(emp), 1:2)1       0.47415    0.18540   2.557
## lag(log(emp), 1:2)2      -0.05297    0.05175  -1.024
## lag(log(wage), 0:1)0     -0.51320    0.14557  -3.526
## lag(log(wage), 0:1)1      0.22464    0.14195   1.583
## log(capital)              0.29272    0.06263   4.674
## lag(log(output), 0:1)0    0.60977    0.15626   3.902
## lag(log(output), 0:1)1   -0.44637    0.21730  -2.054
##                          Pr(>|z|)
## lag(log(emp), 1:2)1      1.054e-02
## lag(log(emp), 1:2)2      3.061e-01
## lag(log(wage), 0:1)0     4.225e-04
## lag(log(wage), 0:1)1     1.135e-01
## log(capital)             2.953e-06
## lag(log(output), 0:1)0   9.530e-05
## lag(log(output), 0:1)1   3.996e-02
```

Blundell 和 Bond (1998) 将前面提到的差分滞后项和水平滞后项同时作为工具变量, 这称为系统广义矩法 (system GMM).

```
sys.gmm<-pgmm(log(emp)~lag(log(emp),1)+lag(log(wage),0:1)
                +lag(log(capital),0:1)|lag(log(emp),2:99)
                +lag(log(wage), 2:99)+lag(log(capital),2:99),
                data=EmplUK,
                effect="twoways",
                model="onestep",
                transformation="ld")
coef(summary(sys.gmm, robust=TRUE))
```

```
##                           Estimate Std. Error z-value
## lag(log(emp), 1)            0.9356    0.02630  35.581
## lag(log(wage), 0:1)0       -0.6310    0.11805  -5.345
## lag(log(wage), 0:1)1        0.4826    0.13689   3.526
## lag(log(capital), 0:1)0     0.4839    0.05387   8.984
## lag(log(capital), 0:1)1    -0.4244    0.05848  -7.257
##                            Pr(>|z|)
## lag(log(emp), 1)          2.752e-277
## lag(log(wage), 0:1)0       9.050e-08
```

```
## lag(log(wage), 0:1)1      4.224e-04
## lag(log(capital), 0:1)0  2.616e-19
## lag(log(capital), 0:1)1  3.952e-13
```

5.5　分位数回归

给定解释变量 X, 被解释变量 Y_i 的条件分位函数 (conditional quantile function, CQF) 定义为

$$Q_\tau(Y_i \mid X_i) = F_Y^{-1}(\tau \mid X_i)$$

其中, $F_Y(\cdot \mid X_i)$ 为给定 X_i 的情况下 Y_i 的累积分布函数.

分位数回归将 $F_Y(\cdot \mid X_i)$ 设定为选择某函数 $q(\cdot)$, 使如下式子最小:

$$E[\rho_\tau(Y_i - q(X_i))], \quad \rho_\tau(u) = 1(u \geqslant 0)\tau u + 1(u \leqslant 0)(1-\tau)u$$

这个模型的解需要用到线性规划, 这里不做介绍. 有兴趣的读者可以参看 Wooldridge (2010) 的相关研究.

我们以 Angrist 和 Pischke (2009) 的文献中第 7 章的数据 census00 作为例子, 这是美国 2000 年人口普查的数据. 原数据集样本容量较大, 为了简单, 我们随机抽取了 1000 个.

```
library(foreign)
census00<-read.dta("census00.dta")
index<-sample(1:nrow(census00),1000)
census00s<-census00[index,]
names(census00s)
```

```
## [1] "age"     "educ"    "logwk"   "perwt"   "exper"
## [6] "exper2" "black"
```

其中, 变量 logwk 代表的是工资的对数; 变量 educ 代表的是教育程度; black 是黑人虚拟变量; exper 与 exper2 分别是工作经验与其平方.

我们给出了 τ 分别为 0.1、0.25、0.5、0.75、0.9 的分位数回归.

```
library(quantreg)
census.rq<-rq(logwk~educ+black+exper+exper2,
              data=census00s,
              tau=c(0.1,0.25,0.5,0.75,0.9))
coef(census.rq)
```

```
##              tau=0.10  tau=0.25  tau=0.50   tau=0.75
## (Intercept)  4.256276  3.885203  4.3286171  4.5726668
## educ         0.081967  0.101390  0.1181892  0.1313609
## black       -0.261115 -0.311447 -0.2943503 -0.3776575
```

```
## exper          0.065932  0.081731  0.0433435  0.0359152
## exper2        -0.002015 -0.001832 -0.0008335 -0.0006776
##                tau=0.90
## (Intercept)    5.3234979
## educ           0.1792447
## black         -0.2222622
## exper         -0.0441753
## exper2         0.0008325
```

```
census.rq.summ<-summary(census.rq)
```

研究结果表明, 对于较高收入人群, 教育的回报要更大. 图 5.4 展示了各解释变量的分位数回归线及其置信区间, 其中灰色区域为置信区间.

```
plot(census.rq.summ)
```

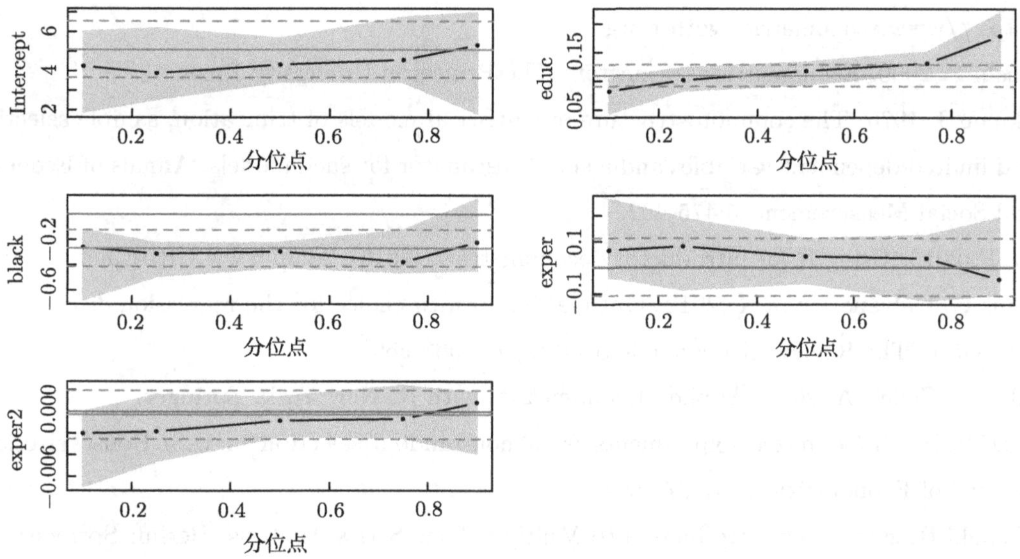

图 5.4 教育回报的分位数回归

参考文献

Angrist J, Pischke J S. 2009. Mostly Harmless Econometrics: An Empiricist's Companion. Princeton: The Princeton University Press.

Arellano M, Bond S. 1991. Some tests of specification for panel data: Monte Carlo evidence and an application to employment equations. Review of Economic Studies, 58:277-297.

Binmore K. 2007. Playing for Real. New York: Oxford University Press.

Blundell R, Bond S. 1998. Initial conditions and moment restrictions in dynamic panel data models. Journal of Econometrics, 87:115-143.

Hahn J, Todd P, Der Klaauw W V. 2001. Identification and estimation of treatment effects with a regression-discontinuity design. Econometrica, 69:201-209.

Hanck C, Arnold M, Gerber A, et al. 2019. Introduction to econometrics with R. [2019-09-10]. https://www.econometrics-with-r.org.

Hayashi F. 2000. Econometrics. Princeton: The Princeton University Press.

Heckman J. 1976. The common structure of statistical models of truncation, sample selection, and limited dependent variables and a simple estimator for such models. Annals of Economic and Social Measurement, 5:475-492.

Heiss F. 2016. Using R for introductory econometrics. [2016-12-20]. www.URfIE.net.

Imbens G, Kalyanaraman K. 2012. Optimal bandwidth choice for the regression discontinuity estimator. The Review of Economic Studies, 79: 933-959.

Kleiber C, Zeileis A. 2008. Applied Econometrics with R. New York: Springer.

Lee D. 2008. Randomized experiments from non-random selection in U.S. House elections. Journal of Econometrics, 142:675-697.

Lütkepohl H. 2006. New Introduction to Multiple Time Series Analysis. Berlin: Springer.

Newey W, West K. 1987. A simple positive semi-definite, heteroskedastic and autocorrelation consistent covariance matrix. Econometrica, 55:703-708.

Rosenbaum P, Rubin D. 1983. The central role of propensity score matching in observational studies for causal effects. Biometrika, 70:41-55.

Rubin D. 1973. Matching to remove bias in observational studies. Biometrics, 29:159-183.

Stachurski J. 2016. A Premier in Econometric Theory. Cambridge: The MIT Press.

Stock J, Watson M. 2012. Introduction to Econometrics. 3rd ed. New York: Pearson Education.

White H. 1980. A heteroskedasticity-consistent covariance matrix estimator and a direct test for heteroskedasticity. Econometrica, 48: 827-838.

Wooldridge J. 2010. Econometric Analysis of Cross Section and Panel Data. 2nd ed. Cambridge:

The MIT Press.

Wooldridge J. 2015. Introductory Econometrics: A Modern Approach. 6th ed. Boston: Cengage Learning.

Xie Y H. 2019. Bookdown: Authoring books and technical documents with R markdown. [2019-09-05]. https://CRAN. R-project.org/package=bookdown.